まえ7

　教育方法学の専門学会が，教育の理念そのものである「公教育」という言葉を掲げるのは珍しいことである。近年，公教育の理念と内実の変容が教育方法と直列に接続し，教育方法を枠付けようとする動向があることから取り上げたものである。教育方法学の先達は，哲学や海外情報を土台に教育実践を読み解くことから研究をはじめ，次第に実践そのものを中心に分析する方向へと歩んできた。その中で，教育理念と教育内容と狭い意味の教育方法の3つが，関連しつつもそれぞれ相対的な独自性があることを明らかにし，多様な試みと組み合わせの可能性を切り開いてきた。だが今は，これらが直接的な関連の下に掴まれる傾向がある。例えばPISA型学力が目標に掲げられると，それに対応した内容・教材例と特定の教育方法までが配置されるといった具合である。それを逆手にとって，公教育のあり方を教育方法学の視野から問い直す意図を含んで，今回のタイトルを考えてみた。

　編集方針が決まってまもなく，コロナウイルス（COVID-19）感染症に伴う学校の休校措置が突然発表され，学校・教師・子ども・保護者等に多くの困難と休校に伴う変動が起きた。コロナ禍によって生まれた事態には，すでに存在した諸問題が深刻化したものもあれば，休校措置の中で急に浮上した問題もある。

　例えば，教育方法学の研究領域に関わりが深い問題としては，オンライン教育の推進動向がある。これ自体はすでに始まっていた事柄であるが，関連して「個別最適化」という言葉が急速に浮上しつつある。新学習指導要領の特徴付けに関わる議論が，その完全実施に伴って飽和状態を迎える中で，この言葉が実践の具体化を進める際のキーワードに据えられようとしている。「個別最適化」という用語は，人間像から個別教育技法に関わるレベルにも使われる。何が個々人に最適であるかを軽々に決めることはできないのだが，広がり始めている。

　あるいは，長期休校は貧困とも関わって，教育格差を顕在化させている。生存に関わる食が確保できない貧困の問題や家に籠もることによる家族関係の軋轢は従来からある問題だが，長期休校はそれらを深刻化させた。休校下の不登校の問題は新規に発生した事態といえる。今回はほとんど取り上げられていない休校後の教育課程問題など，多岐に渉る問題が発生しているし，今後も生まれてくるであろう。

　これらの事態を受け，執筆テーマとコロナ休校が関わる限りにおいて，著者たちの多くはこの関係を直接考察した論考を記す結果となった。初期の編集方針を変えたわけではないことから，コロナに言及していない初期のねらい通りの論考もある。どちらであれ今の学校と教育活動を規定する公教育を問いかけるラインアップとなった。

　第I部の田上論文は，公教育における個と集団の把握の仕方を問い直すよう呼びかける。個人と集団という存在・関係の見方によって，また公教育の理念と実態の掴み方によって評価は変わるだろうが，現下の趨勢における個と集団の位置づけは上田薫らの議論の歴史に学ぶべきことを浮上させている。

　熊井論文は，現在を「学習の個別化時代」と呼び，今日の教育改革戦略として持ち出される個別化の論理構造を検討して，アダプティブ・ラーニングによる個別化ばかりに注目するのとは違った方向を提示する。

　川地論文は，コロナ禍における子どもの安全の問題を多角的に検討する。学校の危機管理の問題としての子どもの安否確認から，オンラインによる学習の保障の問題まで含めて取り上げている。

　遠藤論文は，不登校ということの従来の意味を確認しながら，コロナ禍により学校に行けない事態が全国的に発生した中で，現在の学校というものの中に身を置く意味を検討する。

　吉田論文は，資質・能力ベースの教育論へのドイツ等の批判的な議論を検討し，生活の文脈からの捉え直しを提案する。そこからコロナ後の「資質・能力」の変容を教師が子どもと共に問うことを要請しているとする。

第Ⅱ部は，これからの学校を展望することを意図して3本の論文を配置した。

竹内論文は，人口減の続く宮崎県の小規模校の趨勢を確認し，そうした地域でこそその教師教育の可能性と，可能となる体験的教育活動や地域との連携による教育実践の可能性をへき地教育のパラダイム転換として提示する。

姫野論文は，GIGAスクール等のICT化構想の進行状況を各国のデータと比較し，ICT化構想の特質と学びのイメージの偏りや，開発されているコンテンツが柔軟な思考力等の形成に十分とはいえない課題を指摘する。

照本論文は，「子どもの貧困」が現代の社会構造の中でどのように生み出されているか，貧困にあえぐ子どもが現代の教育課程から排除される仕組みを描き，これに対する学校と教師の向き合い方を福祉との関係で論じる。

第Ⅲ部は，研究動向として，道徳教育とへき地教育の分野を取り上げた。

渡辺論文は，「特別の教科　道徳」を取り上げて，その基本構想を確認し，実践動向と問題点を指摘する。学習指導要領上の期待に反して，思考停止の状況が生まれていると指摘し，権利行使主体に位置づけ直すことを論じる。

境論文は，へき地教育の研究動向として，従来のへき地の指導法の変遷を概観し，日本やアラスカあるいはイエナプランにおける少人数対話の動向を取り上げて検討している。

コロナ禍は，学校という存在の意味を見直させるきっかけとなった。他方で，学校に人が集まって学ぶということとオンライン教育との異同をめぐる問題を浮上させている。あるいは子どもが長時間家にいることの諸問題を浮上させている。この巻では新しく生まれている状況のごく一部に触れられたにとどまる。2020年に発生しつつある事態を，教育方法学の観点から今後も慎重に検討していかねばならない。学会としては，教育活動と学習活動の全体的性格を踏まえた検討を着実に積み上げることで，公教育のあり方を問いつつ，新たな事態にも応えられる闊達な議論を積み上げていきたい。本巻がその手がかりの一つとなることを願っている。

2020年8月

代表理事　子安　潤

# 目次 教育方法49

# 第Ⅲ部　教育方法学の研究動向

# I

## 子どもの学びと生活から学校を問い直す

# 1　教育における個と集団を問い直す
## —公教育としての学校と個の人間形成／自己形成の観点から—

九州大学　**田上　哲**

## ❶　はじめに

　教育における個と集団の問題は，広い意味での個の人間形成，本稿でいう個の人間形成／自己形成[1] をどのようにとらえ，どう促していくことができるのかという，教育の本質に直截につながる普遍的な問題である。

　ここでいう個と集団は，一人一人の異なる個人としての個とその個の集まりである集団を意味しているが，それに加えて，個別の方向性を有する個と，個それぞれの個別性を捨象しようとする一般の方向性をもつ集団という意味を含んでいる。そのような個と集団の問題は，人為的に作られた集団の場である，公教育としての学校において個の人間形成／自己形成がいかに成されるかを理論的・実践的に問い直すために重要な基点的問題である。

　我が国の公教育としての学校において，個と集団はどのように考えられているだろうか。

　文部科学省は2017年改訂の新学習指導要領に関して，以下のように述べている。

　　　子供たち一人一人は，多様な可能性を持った存在であり，多様な教育ニーズを持っている。成熟社会において新たな価値を創造していくためには，一人一人が互いの異なる背景を尊重し，それぞれが多様な経験を重ねながら，様々な得意分野の能力を伸ばしていくことが，これまで以上に強く求められる[2]

　このような方向性は，1987年の臨時教育審議会最終答申で「画一性，硬直性，閉鎖性を打破して，個人の尊厳，自由・規律，自己責任の原則，すなわち『個

性重視の原則』を確立すること」が示され，個を重視し個性を生かした教育の実現が目指されてきた流れを汲んでいる[3]。また，従来，教育界ではコンテンツにベースをおいた教師からの一方向的な集団一斉授業に対する批判があり，新学習指導要領では，主体的・対話的で深い学び（アクティブ・ラーニング）の視点での授業改善が提唱されている。

　公教育を司る教育行政からのこのような言説，そして，教育基本法に人格の完成が教育の目的として示されていることから考えると，公教育としての学校においては，少なくとも理念的，目的的には，集団ではなく個が重視されているといえよう。

　しかしながら現実的には，どうであろうか。かつて中内（1980）は学校の現状を語るなかで，学校教育のなかには「一定化」という原則が働いているとして，「学校を個別化しきることはおそらく不可能であろう」（p.54）「学校というところは，所詮，文化の領域における空港のようなもので，個別性と特殊性を強調するとその存在があやうくなるところである」（p.55）と述べた。筆者は，現在でも学校は中内のいうように「一定の場所で，一定の時に，一定の成員で，系統的かつ集中的に行われる教育の形式」（p.55）と一般的にとらえ続けられてきており，集団が重視されることも以前から変わっていないことから，この中内の「一定化」という指摘は依然妥当なものではないかと考えている。

　また，近年公教育（の改革）の方向性に大きな影響を与えているものとして，OECDによるPISA調査や文部科学省による全国学力・学習状況調査等の学力調査における国家間，または都道府県や市町村といった集団のレベルでの得点の比較がある。このことからも，現実には，学校においては，やはり個や個別が重視されているとは言い難く，集団に重点が置かれている状況であると判断できよう。

　加えて，学校は個々の子どもたちの意図とは関係なく人為的に作られた集団の場である。そこで生じている，いじめや不登校，行きしぶりといった子どもたちの問題状況は，学校における生活が日常の大部分を占める子どもたちにとって，個と集団の問題が学校という場所において生きる上で切実な問題である

ことの証左であろう。

さらに，2020年の新型コロナウィルス感染症（COVID-19）の影響による，いわゆるコロナ禍の想定外の危機的な状況のなかでは，学校そのものが長期間の休校を強いられた。ICTを利活用した遠隔教育への取組が促進されている。おそらくコロナ禍が収束してもこれまで通りの学校生活や授業を営むことができない状態が続くことになるであろう。社会的距離を保つ（social distancing）という状況の恒常化は，個と個の具体的な関係を変容させ，集団の構成やあり方にも大きな影響を与えるものとなり，「一定の場所で，一定の時に，一定の成員で，系統的かつ集中的に行われる教育の形式」であった学校のあり方は問い直さざるを得ないだろう。

このように従来の集団の場を基本とする公教育としての学校の基盤そのものが問われるなか，個と集団の問題を問い直すことは，これからの社会を形成し，未来を創造していく子どもたちの人間形成／自己形成，そして，公教育そのものを問い直す上でも重要であろう。

本稿では，まず，公教育が個と集団の視座からどのように認識されてきたのかを考察する。次に，集団の場における個の人間形成／自己形成の問題を，集団との関係における個の受動性と能動性の観点から検討する。その上で，個の人間形成／自己形成と集団の活性化を促す個と集団の弁証法的関係について討究し，その個と集団の弁証法的関係を基礎づける，個の「否定的自覚」・「自覚的分析」[4] について検討する。

## ❷　公教育のとらえ方の２つの方向性

まず，公教育はどのようにとらえられているか。辞書には次のような記載がみられる。（以下，下線は筆者による）

・公的関与のもとに，広く国民に開放された教育。公費でまかなわれるものに限っていう場合もある。（広辞苑）

・公的性格をもつ教育。私教育に対して，国家および地方公共団体によって行

われる教育をさしたが，現在では私立学校における教育や社会教育もその公共性とおおやけの規制をうけている点から，公教育に含められる。（大辞林）

・公的性格をもつ教育。国または地方公共団体およびその機関によって管理・運営される国公立学校の教育のほか，私立学校・各種学校の教育や社会教育も含まれる。（大辞泉）。

　以上から公教育とは何かを考えるポイントとなるのは「公的関与」と「公的性格」であることがわかる。その上で，個の立場に立ち「広く国民に開放された教育」（公教育A）とみるか，集団の立場に立ち「公共とおおやけの規制をうけて，国または地方公共団体およびその機関によって管理・運営される教育」（公教育B）とみるか，それによって公教育は相対立する異なった2つの方向性からとらえられていると考えてよいだろう。

　筆者はこのどちらの方向性も必要であり，公教育をそれぞれの立場において矛盾的に統一的にとらえることが必要であると考える。言い換えれば，個の立場から集団をみる公教育Aと，集団の立場から個をみる公教育Bは，それぞれが互いにアンチテーゼとなるということである。公教育A（テーゼ）からみれば公教育B（アンチテーゼ）と対抗してジンテーゼとしての公教育（新しい公教育A）になるということであり，公教育B（テーゼ）からみれば公教育A（アンチテーゼ）と対抗してジンテーゼとしての公教育（新しい公教育B）になるということである。

　しかしながら，公教育は，これまで集団の立場から個をみる方向で「管理・運営される教育」として作られたものとして，テーゼからテーゼへと固定的にとらえる向きが多かったといえよう。安彦（2019）が「本来は，自立した国民として，政府や産業界のあり方を決定する主権者として教育されるべきなのに，そうはしようとしない性質を持ちうるのが公教育なのである」（p.195）と指摘するように，公教育は公権力によって学校教育として制度的に整えられ，容易にコントロールされるものとなり，今後も集団の立場から個をみる方向で作られたものとしての固定化が一層強化されていくことが予想される。

　したがって，「どう教育するか」「それは教育か」という2つの相矛盾する問

いを内包する教育方法学的立脚点（田上 2016）から，集団の立場から個をみる方向で現在作られたものとしてある公教育を否定的に自覚し，自覚的に分析し，個から集団をみる方向で「広く国民に開放された」作るものとしての公教育への回路を回復していく必要がある。

## ❸　集団の場における個の人間形成／自己形成

　公教育としての学校は，前述したように人為的に作られた集団の場を基本としている。本節では，そのような作られた集団の場における「個の人間形成／自己形成の問題」について検討する。そして，現状の作られたものとしての公教育を，否定的に自覚し，自覚的に分析するということで個から集団をみる方向で，「広く国民に開放された教育」といった，作るものとしての公教育を考えていく。

### （1）スクールカーストからみる個の受動性

　公教育が実施展開される集団の場である学校には，学級や同学年の子ども間で共有されている序列・階層，いわゆる「スクールカースト」があるという。筆者は，公教育としての学校の文脈において，また人間の教育の場としての学校において，「落ちこぼれ」といった言葉と同様に，スクールカーストという言葉が，一般的なものとして使われていること自体にそもそも違和感を覚える。それにも関わらず，ここでスクールカーストを取り上げて検討する理由は，学校における子どもの人間形成／自己形成に対して，スクールカーストが潜在的なカリキュラムとして働いているからである。また，それだけでなく，授業における活動など顕在的なカリキュラムの実際の展開にもスクールカーストが直接的に関与して機能していると考えられるからである。

　堀（2015）は，スクールカーストという語が普及し始めたのは2000年代半ばのことで，「生徒たちを取り巻く教室内の階層意識を的確に表現する語」としてぴったりの言葉だったという。

　スクールカーストの階層が上位の（1軍と呼ばれる）生徒（高校生）は，鈴

木（2012）でのインタビューの中で次のように述べている。（以下，下線部は筆者による）

・もし面倒なら学校行事に参加しなくてもいい<u>権利も与えられる</u>ので，準備もしないで勝手に帰っちゃってもいい権利とか，みんなにやりたくないことを強いてもいい権利が与えられている（p.133）。

・「1軍」として<u>義務とかもあるし</u>，発言しなきゃいけないとか，権利をちょこちょこ使わなければ何も進まないシーンとかあって，みんなが黙っているときとかあったら，「1軍」が仕切んなきゃいけなくなるんで，そこで権力使える人間が動かないと誰も何もやらないんで（中略，引用者）ウチが言わないと，とか，クラスの運営とか方向性を決めていくのが荷が重くて…（p.136）。

・いやなんか，先生がウケねらいにきたら，「はあ〜？」とか言わなきゃいけなくて（笑）。そういうこと言わなきゃ的な空気が教室にはあるんで（笑）（中略，引用者）そういうこと言わなきゃいけないですよ。大変なんです。「1軍」も（p.138）。

・はっきり言って，たかが先生に何もウチら（生徒が）コントロールされることはないですからね。面倒だから，コントロールされたふりをしてあげることはありますけど。（中略，引用者）「上」の生徒と仲良くなって権力の一部を分けていただく。そういうことです多少先生にも教室での<u>権限が与えられる</u>ことがありますかね（pp.208-209）。

　また，教師は「（高校のクラス内での強さや弱さは）どういう場面でわかったりするの？」（p.222）という問いに対して，「うーん，一番感じるのは話し合いの場。」「結局我が強い人間，口調が強い人間，そいつらが何か言うと，おとなしい人間，これが何にも言えなくなる。」（p.223）と答えている。また，インタビューを受けた教師は，スクールカーストを利用すべきものと考えており，「立場（が）強いやつ（を）使って，いい方向にもっていくような時もあるなあ。その方が流れがスムーズなんだよ。」（pp.253-254）と述べている。

　以上，スクールカーストをめぐる子どもと教師のいくつかの発言をあげた。

　もちろん，これらの発言だけでスクールカーストの全容をとらえることはできない。また，ここで述べられているようにはとらえていない教師も子どもも存在するであろうし，ここでインタビューに答えている教師も子どももインタビューを受けたときと現在ではその考えは変わっている可能性もある。本稿では，スクールカーストの全容やメカニズムを問うのではなく，そこからみてとれる，作られた集団の場における個の人間形成／自己形成の問題について考えていく。

　まず，スクールカーストは，子どもたちにとって，人為的に作られた集団による一つの環境であるということを押さえておく。この場合の集団には，子どもたちだけでなく，そのようなカーストに包括された教師やカーストの存在を意識的・無意識的に利用している教師もその構成員に含まれると考えられる。

　教師の立場からクラス集団をみた場合，例えば，主体的・対話的で深い学び，アクティブ・ラーニングがうまく展開していくためには，子どもたちが教師からの指示に頼ることなく主体的に動くことが必要である。学級経営についても同様で，荒れることのない，統制のとれたクラスであるためには，教師が強制力をもってコントロールするのではなく，教師の意向を理解しそれを踏まえて判断行動できる子どもがリーダーとして他の子どもをコントロールできる体制であることが求められる。そのために，カーストの階層上位の子どもに他の子どもをコントロールする権利を与え，代わりに，授業をはじめとして学級の活動をスムーズに進める義務を付与するスクールカーストを教師が容認する，あるいはその形成と維持に助力するということは，上記の事例からも十分に考えられることである。

　そして，このような作られた集団による環境としてのスクールカーストは，個としての子どもに適応を迫る。迫られて適応するとは受動的に働くということである。それはスクールカーストの階層が下位の子どもだけでなく，階層上位の1軍と呼ばれる子どもにおいても同様である。さらに，階層上位の子どもによって教師が権限を与えられるとすれば，教師においても同様となる。結果として，スクールカーストの下では，教師を含めたクラスのほとんどの成員が

受動的に動くということになる。

　このようにスクールカーストの枠組は，子どもにとっても教師にとっても動かしがたいものとしてとらえられている。スクールカーストは，それがあることを教師も子どもたちも疑わない。そして，私たちはスクールカーストがあることは当たり前で仕方のないこととして，それがあることを前提にして，分析しようとする。分析して，スクールカーストを何とか解消しようとしたり，一方でそれを利用しようとしたりする。これは，いわゆる差別の問題も同様である。差別があることは当たり前で仕方のないことであるという認識のもと，差別を分析し，差別を解消する対策を立て，一方でそれを利用しようとする。

　しかし，論理的に考えれば，学校教育という公教育の場に，人間に対する教育とは全く相反する方向性を有するスクールカーストがあること自体が矛盾である。本来は，その矛盾を否定的に「直観」し，自覚的に「分析」していくことが必要である。しかし，私たちは，人為的に作られた集団による環境に強く拘束されており，矛盾を直観せず，まず分析から入って，それがあることを当然のことだと「直感」してしまう。

　このとき個の人間形成／自己形成について，集団によって構成された観念的で強固な枠組の存在を前提として，人間形成はその自己の外にあるその枠組に統一されて（とらわれて）しまう方向で促進される。そして，個はその外部の枠組のなかで生じる他者の情緒的・感情的なものや，それに基づく意見にその都度その都度受動的に反応するものとなり，自己を統一的に形成することができなくなる。したがって，個は作られた社会の中で受動的な存在に留まり，集団は因習的に固定化されたものとして持続していくことになる。

## (2) 個の能動性と受動性

　次に，個の能動性と仲間としての集団の問題について，戦争中の体験談として伺った事例（田上 2017）を手がかりに考えてみる。

　話を伺ったその方は第二次世界大戦末期南方の最前線で敵の米兵と一対一で対峙した。お互いに銃をもっていたが，お互いの目があって，両方とも銃を引いた。そういった体験が一度ではなく数回あったという。「お互いに人間だと

認めたときには，たとえ敵であれ相手を殺すことはできない」，ただもしも仲間が近くにいたら撃ってしまったかもしれない，ということであった。

　これは，戦争という極限状態のなかでも，一人一人が個として相手に対峙し，相手を一人の独立した人間として認めたときには，互いが個として判断し，殺し合うことはなかったことを示したエピソードである。しかし，常に関わり合い生活を共にする仲間（集団）がそばにいた場合，判断の基準をその仲間（集団）に頼ったときに，仲間（集団）以外の人間を撃つことが可能になってしまうということも示している。

　仲間という集団は，それが構成されることによって，人間を仲間と仲間以外に分ける機能をもつ。戦争でいえば，仲間以外は自分と同じ人間ではない，倒すべき敵という存在になる。

　この現象を個の能動性と受動性という観点からみれば，一見「撃つ」方が能動であるようにみえる。しかし，個と個が直接対峙したときには能動的に「撃たなかった」のに，周りに仲間という集団がいた場合，受動的に「撃ってしまう」ということが起きる。この場合，能動性は個別的な個の理性に，受動性は集団的な情緒的感情に結びついている。

　このような能動性と受動性は，スピノザ（1951）が『エチカ』のなかで次のように述べていることと符合している。

・感情はそれと反対のかつそれよりも強力な感情によってでなくては抑制されることも除去されることもできない。ところが盲目的大胆と恐怖とは等しい大いさのものと考えられる感情である。ゆえに大胆を抑制するには恐怖を抑制するのと等しい大いさの精神の徳すなわち精神の強さを必要とする（pp.97-98）。

・自由の人にあっては，適時における逃避は戦闘と同様に大いなる勇気の証明である。すなわち自由の人は戦闘を選ぶ時と同じ勇気ないし沈着をもって逃避を選ぶ（p.98）。

　筆者はこのようなスピノザの見解からも，集団という環境が個の能動性と受動性にどのような影響を与え，次の新しい社会（集団）を形成する個，未来を

創出する個が、どのような人間形成／自己形成を遂げるのかを考える上で、上述の戦争中の体験談は、とても重要で象徴的な事例であると考える。

## ❹　個と集団の弁証法的関係と個の「否定的自覚」・「自覚的分析」

　ここでは、これまでの検討を踏まえて、上田（1968）の論じた「教育における個と集団」を手がかりに、個と集団の関係についてあらためて討究する。上田の論を手がかりにする理由は、個の立場から集団をみる方向で公教育を考えるという性格を持った、昭和26年版小学校学習指導要領社会科編（試案）の作成を上田が主導したからである[5]。

　上田（1968）は「教育の具体的な成果は、個を目安にするか集団を目安にするか、そのいずれであるべきかを問おうとしている」（p.312）と述べ、その上で「教育としてたいせつであるのは、ひとりひとりの子どもの未来の発展性である」（p.313）と論じた。そして、「人間は常に他との、したがって集団とのかかわりにおいてのみ生きている」（p.317）が、それは「人間が集団のなかで孤立したり、集団と対立したかたちで存在したりするということを否定することにはならない」（p.317）と述べ、「学級集団も小集団も、このような孤立、対立をたえず含んでこそいきいきとしたものとなることができる」（p.317）「集団において時めくものを批判するのは、つきつめればかならず強烈な個以外のものではない」（p.318）と断言している。

　以上から、集団のなかで孤立する個や集団と対立する個があるということ、そして、これまでみてきた集団との関係における個の受動性・能動性から、集団は個のアンチテーゼとなるものであるといえる。また、「強烈な個」は集団にとっての明確なアンチテーゼになるといえる。

　それでは集団の明確なアンチテーゼとなる、「孤立・対立する個」「強烈な個」とは、どのような個であろうか。

　ここに教育における目的としての「個」を考える方向性がある。筆者は、それを能動的な個、能動的に「否定的自覚」・「自覚的分析」を行う個として考え

ている。

　これまでみてきたように，集団は自身を維持するために個を受動的に動かそうとして常に個のアンチテーゼとなる。そして，個はそのような集団を否定的に自覚し自覚的に分析することによって能動的になり，その集団に対してそのような能動的な個がアンチテーゼになり，集団の因習性を否定し，集団を活性化していく。個と集団にはこのような弁証法的関係がある。

　このような個と集団の弁証法的関係において，個は人間形成／自己形成を遂げていく。その際，個の人間形成は外側へ向かう弁証法的なものであり，個の自己形成は内側に向かう弁証法的なものととらえることができる。個にとって集団はアンチテーゼとなり，対自（für sich）となる。すなわち，人間形成はテーゼ・アンチテーゼ・ジンテーゼとして外へ総合していくものとなり，自己形成は，即自（an sich）・対自（für sich）・即自かつ対自（an und für sich）として内へ統一していくものとなる。

　さらにこのような思考を能動的に駆動するのに役立つものが，否定的自覚，自覚的分析である。否定的自覚，自覚的分析を経ることによって，個はエゴイズムに陥ることを避けることができる。しかし，真面目で優秀であると他から高く評価されるような個であればあるほど，現状の作られて制約されている環境としての集団と，そこで高く評価されている自身に対して，能動的に矛盾を直観することが難しい。そのような否定的自覚，自覚的分析を伴わない個の人間形成／自己形成は，❸（1）**スクールカーストからみる個の受動性**で論じたように，いつまでも集団に対して受動的なものに留まり，集団の活性化につながる集団のアンチテーゼにはならない。

# ❺　おわりに

　一般に公教育は社会的要請に応えるものとして考えられている。それに対して上田（1995）は，押し寄せるソシアルニードの波から子どもを守る必要を説き，「いくら社会的必要があっても，その子に合わぬものはしょせん教育的成

果を納めえない」と述べている（p.182）。

　私たちが生きている社会，集団は，作られたもの，構成的なものである。公教育としての学校も，その一つである。公教育がこれからも集団の立場から個をみる方向で，社会からの要請に沿った教育をするものにとどまるとすれば，子どもたちは，その都度その都度の都合で構成された社会に見合う受動的な人間形成／自己形成を強いられることになる。そして，社会は因習的なものを抱えて作られたものから作られたものへと移行するだけとなる。これからの公教育は，個から集団をみる方向で考え，個の「否定的自覚」・「自覚的分析」による知識形成を促す「広く国民に開放された教育」ととらえ直す必要がある。そのような個の「否定的自覚」・「自覚的分析」による知識形成が，外への総合としての人間形成と，内への統一としての自己形成を統合して，社会を，集団をより良きものにしていく，個の広義の意味での人間形成を促すものとなる。


注
1）　本稿では，個の広い意味での人間形成を，個が自己を外に（ある，集団も含めた他との関係を）総合していく狭義の人間形成と，個が自己を内に統一していく自己形成に分けて考え，個の人間形成／自己形成という用語を用いる。この狭義の人間形成と自己形成の二つの形成は互いに相矛盾した方向性をもっているが，それが統合されていくことが広義の人間形成である。
2）　文部科学省「新しい学習指導要領等が目指す姿」＜ https://www.mext.go.jp/b_menu/shingi/chukyo/chukyo3/siryo/attach/1364316.htm ＞最終アクセス 2020 年 5 月 31 日
3）　文部科学省「臨時教育審議会の答申」＜ https://www.mext.go.jp/b_menu/hakusho/html/others/detail/1318297.htm ＞最終アクセス 2020 年 5 月 31 日
4）　本稿の鍵概念である「否定的自覚」・「自覚的分析」は，西田（1989）によって提示されたものであり，田上（2019）が「弁証法的経験主義」の観点から原理的に論じている。
5）　戦後作成された学習指導要領（試案）について，上田は「本来戦後の新教育が目指した時には，学習指導要領っていうのはね，拘束力を持つんじゃなくて，自由に使っていくというそういう考え方だった」と述べている（「上田 薫さん｜証言｜ NHK 戦争証言アーカイブス 戦後日本のあゆみ」
　　https://www2.nhk.or.jp/archives/shogenarchives/postwar/shogen/movie.cgi?das_

id=D0001810425_00000　最終アクセス 2020 年 5 月 31 日）。また，昭和 26 年版小学校学習指導要領社会科編（試案）の目標には，個と集団に関わるものとして「家庭・学校・市町村・国その他いろいろな社会集団につき，集団内における人と人との相互関係や，集団と個人，集団と集団との関係について理解させ，集団生活への適応とその改善に役だつ態度や能力を養う」ことが挙げられている。

## 引用・参考文献

- 安彦忠彦（2019）『私教育再生　すべての大人にできること』左右社 .
- 上田薫（1968）「教育における個と集団」『教育学全集 12 集団と教育』 小学館，pp. 311-329.
- 上田薫（1995）『人が人に教えるとは　21 世紀はあなたに変革を求める』医学書院.
- 新村出編（2008）『広辞苑』第六版，岩波書店 .
- 鈴木翔（2012）『教室内カースト』光文社 .
- スピノザ著（畠中尚志訳）（1951）『エチカ（倫理学）（下）』岩波書店 .
- 田上哲（2017）「学習における個と集団のとらえ方と人間形成の課題」『教育学研究』84 巻 4 号，日本教育学会，pp.434-445.
- 田上哲（2017）「「社会科の初志」についての考究―人間の自己改革，能動性と「自己否定」―」『考える子ども』378 号，社会科の初志をつらぬく会，pp.22-25.
- 田上哲（2016）「教育方法学的立脚点からみたアクティブ・ラーニング」『教育方法 45 アクティブ・ラーニングの教育方法学的検討』日本教育方法学会編,図書文化，pp.10-23.
- 田上良江（2019）「弁証法的経験主義―上田薫の「動的相対主義」とは何か」『考える子ども』398 号，社会科の初志をつらぬく会，pp.42-46.
- 中内敏夫（1980）「学校の現状」『これからの教育 2　学校　これからどうなるか』日本放送出版協会，pp.53-98.
- 西田幾多郎（1989）「デカルト哲学について」『西田幾多郎哲学論集Ⅲ』岩波書店，pp.269-298.
- 堀裕嗣（2015）『スクールカースト の正体　キレイゴト抜きのいじめ対応』小学館 .
- 松村明編（2006）『大辞林』第三版，三省堂 .
- 松村明監（2012）『大辞泉』第二版，小学館 .

# 2　学習の個別化時代における学級授業の課題

山口大学　**熊井　将太**

## ❶　はじめに

　近年，教育・学習の個別化の要請が再び高まりをみせている。文部科学省（2018）「Society5.0に向けた人材育成〜社会が変わる，学びが変わる〜」では，今後取り組むべき教育政策の方向性として「公正に個別最適化された学び」が取りあげられ，経済産業省（2019）「『未来の教室』ビジョン第2次提言」では，「令和の教育改革」の「三つの柱」の1つとして「学びの自立化・個別最適化」が提言されている。さらに，2019年12月に出された「GIGAスクール構想」においても「個別に最適で効果的な学び」が目指すべき時代の学びのあり方として位置づけられている。

　しかし，いうまでもなく，授業や学習の個別化をめぐる問題は新たに生み出されたトピックというわけではない。全ての子どもは異なる人間であり，その特性に応じて教育せよという命題のもと，とりわけ19世紀後半以降，学年制学級組織が採用されてからは，個別化をめぐる問題は"伝統的な学級授業"を打破するための対抗概念として繰り返し持ち出されてきた。果たして今日の教育改革戦略としての個別化論も単なるリバイバルに過ぎないのだろうか。本稿では，現代の教育改革戦略としての個別化論に内在する論理構造とその現代的な特性を明らかにするとともに，学級を基盤とした授業のあり方につきつけられている課題について検討していく[1]。

## ❷　教育・学習の個別化をめぐる教育政策的動向

　まず現代の個別化論の展開をおさえるために，文部科学省「Society5.0に向けた人材育成」（以下，「文部科学省提言」）と経済産業省「『未来の教室』ビジョン第2次提言」（以下，「経済産業省提言」）を検討する。以下では，この両文書を読み比べながら，今日の個別最適化を求める声に内在する論理展開を読み解いてみたい。

### （1）「神話」としての一斉授業への批判

　まず両文書に見られる特徴は，旧来の授業，つまり一斉授業を「一律」「一方向」と表現し，否定的に捉えることから議論を出発する点である。一斉授業が，これまでの時代において授業の基本形態として一定の成果を挙げてきたことを認めつつも，それが同時に「一律・一斉・一方向型の授業の成功体験が神話のように根強く残り，それが強い慣性として働いている」（経済産業省 2019, p.11）ことで，授業の改善を妨げていると述べている。

　ここで注目しておきたいのは，批判対象は授業形態としての一斉授業にとどまらない点である。経済産業省提言やその作成過程に影響を与えた経済同友会提言「自ら学ぶ力を育てる初等・中等教育の実現に向けて」（2019）では，「履修主義から到達度主義」への転換，あるいは「年齢主義から課程主義」への転換が明言されるなど，年齢別を原理とする学年制学級へ批判の矛先が向けられている。文部科学省提言にしても，一斉から個別へという単純図式ではなく，異年齢・異学年集団での協働学習とともに，飛び入学や早期卒業の活用促進が図られるなど，同年齢で編成された学級において空間・時間を共有する形で共通の学習活動を進めていく学級教授"組織"（Klassenunterrichtssystem）そのものが再考の対象となっている。

### （2）個別最適化を正当化する論理としての異質性

　学級教授組織の見直しはなぜ求められるのか。この点でも，両文書は共通性を示すことになる。両文書では直接的な因果関係で結んでいるわけではないにせよ，不登校やいじめを引き合いに出しながら，その生きづらさの原因を一斉

授業や学年制学級の画一性に求めつつ，他方ではギフテッドの子どもへの対応の必要性を引き合いに出すことで，それぞれの多様な能力や興味に応じることが「良い」教育だと述べている。その前提には，「一人ひとりは認知特性にも発達にも違いがあり，さらに興味関心も将来の夢もそれぞれ違い，学習の到達度も異なる」（経済産業省 2019, p.11）という極めて素朴な（だからこそ，社会的に説得力を持つ）考え方がある。そして「幼い頃から，自分に適した学び方を模索し，必要な助けを得ながら，自ら選び組み立てることが可能な学習環境づくりを進める」（同上）ことで，自立的な学びを実現していくことが可能となるという期待がかけられている。

　しかも，個別最適化の正当性は，一人一人の子どもに対する教育的配慮だけにとどまらず，「経済格差や情報格差が拡大し弱者を生むことがないよう，子供一人一人の個別のニーズに丁寧に対応」（文部科学省 2018, p.11）といった文言に現れるように，「社会的な公正」や「教育機会の平等」と接続するロジックにより強化される。この点で今日の個別最適化議論は，ミクロな視点では学級内で増大する異質性への対応という実践的課題と結びつきつつ，政策的な視点からは，貧困を背景とする格差，いじめ，不登校といった諸問題に対する公正な教育機会の保障を前面に出しながら，その正当性を担保しようとしている。

### (3) 実現方途としての EdTech ―「エビデンスに基づく教育」との接続の中で―

　個別のニーズや能力に最適化された学習を提供するという構想は，教育の歴史の中で繰り返し求められてきた。しかし，そこでは必然的に，教師がいかに一人一人の子どもの特性を診断するか，あるいは個別化された教材をどのように準備するのかなど，実現可能性という点で厳しい現実がつきつけられてきた。

　その課題に対して，今日の個別最適化議論で重要な役割を果たすのが，AIやビッグデータを用いたEdTechの活用である。例えば，EdTechにより，幼児期から一人一人の（認知的）個性，活動，学び，生活環境に関する情報を「学習ログ」として蓄積することで，一人一人に真の個別最適化された学びが実現するといわれている。

　また，教育におけるテクノロジー利用の推進は，単に社会の情報化に対応す

るという意味合いにとどまらない。「『未来の教室』と EdTech 研究会」の座長代理を務めた佐藤（2018）は，「人間の勘（職人技・感情）×テクノロジー（科学・制限性）」という区分に基づいて，「デジタルテクノロジーは曖昧な部分がないため，『科学』として扱え」るがゆえに，可視化・再現性を高めることで教育のレベルを押し上げることができると語る（pp.184-185）。ここではテクノロジー利用と近年勢いを増す「エビデンスに基づく教育」との接合をみてとることができる。このように近未来的な教育の姿を描くならば，「同じ学年の子ども達が同じ教室に同時に集まり，標準的な授業時数を一律に履修することを前提とした現在の制度は，教師がEdTechを活用して子どもの能力を最大限に引き出すべく，授業時間の使い方を工夫する際の制約になるはず」（経済産業省 2019, p.11）として，EdTechの積極的活用のためには，学級教授組織は制約になるという逆説的な把握がここでは示されることになる。

　以上のようにみていくと，学習の個別最適化で問われているのは，個別化か集団化かといった単純な問題ではないことがわかる。コメニウス（Comenius, J. A.）の「あらゆる人にあらゆることを全面的に」という思想を支えとしながら「同一年齢，統一的な教育課程，共通の学習課題，全員修得」（深澤 1999, p.292）といった特徴を備え，近代公教育を体現する教授組織として位置づけられてきた学級教授組織というシステムそのものが，問い直しの対象に据えられているのである。

## ❸　個別最適化をめぐる議論の現代的特性

　歴史的に考えれば，個別化の要請から学級授業のあり方を批判的に問うことは目新しいことではない。学年制学級が近代公教育の基本組織として採用されて以来，学級は常に批判的な指摘にさらされてきており，わが国の戦後教育学においても常に問題視され続けてきた。先ほどの両文書を見渡してみても，そこから読み取れる教育の個別化を求める論理は，1970 〜 80年代頃の個別化・個性化をめぐる議論とさほど変わり映えのしない，古臭いものであることがわ

かる。すなわち,「落ちこぼれ」や「荒れ」といった教育問題の原因を"伝統的な"一斉授業のあり方に求め,適正処遇交互作用(Aptitude Treatment Interaction:ATI)やプログラム学習といった実証的で心理学的な新しい知見を基盤としながら学習の個別化や無学年制を求め,その手段としてティーチング・マシンやコンピューターといった新たなテクノロジーを持ち込むといった図式である。こうした意味においては,今日の個別最適化の要求も,教育方法の歴史上,定期的に立ち現れる一過性のリバイバル的現象と捉えられないわけではない。

　しかし他方で,個別化を正当化する論理については,現代において様々な形で強化されつつあることには注意が必要であろう。

　社会的には,1980年代以降世界規模で展開してきたネオリベラリズム(新自由主義)の中で求められてきた新たな主体のあり方,すなわち,自己責任的,能動的で自己実現を尊重し,進んでリスクを引き受ける「アントレプレナー的主体」の希求があげられる。今日のようなアントレプレナー(=起業家)としての生き方の要求は,その意味を「リスクに果敢に挑戦する者」と広義に捉えれば,エリート層のみならず,雇用された労働者にもあてはまる(渋谷 2011)。彼らにとっては,自己投資としての教育を受けながら,積極的に責任を引き受け,物質的・金銭的な報酬を超えて,自己実現の可能性を希求していくことが重要となる。両文書において示された望ましい人間像は,まさにこうしたアントレプレナー的主体としての特質を有しているものだといえる[2]。

　その際,アントレプレナー志向は,比較的その実現が可能にみえる層よりも,その実現が困難にみえる層においてより強い傾向がみられることから,ネオリベラリズムがアントレプレナー(起業家)をつくり出しているわけではなく,「正確にはネオリベラリズムはアントレプレナーにあこがれる主体,そこに希望を見出す主体を生産している」(渋谷 2011, p.463)とする渋谷の指摘は重要である。自己責任的・自己実現的な生き方が,社会規範として共有・希求されていく中では,教育の個別化を求める声はいっそう受け入れられやすくなる。逆にいえば,これまで学級教授組織をめぐる議論の中で繰り返し強調されてき

た「あらゆる人にあらゆることを全面的に」といった民主的で平等的な教育思想は，たとえそれが重要な視点であったとしても，これからの社会では訴求力を失っていくことも考えられるだろう。

　加えて，自己実現的な主体や積極的な市民といった人間像は，それがすぐれて心理学的な主体であるがゆえに，心理学的な知見と同盟関係を結んで推奨されてきた。すなわち，「PISA後には，授業におけるコンピテンシーモデルの確立，自律や自己決定に方向づけられた学習イメージ，学習に際しての主体の自己制御を前面に出す認知的で構成主義的なアプローチが，相互に正当性の獲得のために支え合う同盟関係を結んできた」（Rabenstein 2016, p.50）とする指摘である。自律的で自己制御的な学習はより効果的であるとともに，（それが実際には規範性を有しているにもかかわらず）人間の脳にとって「自然」なものであるという学習観は，学習の個別化に学術的なエビデンスを提供してきた。さらに正確にいえば，「新教育運動と構成主義の出会い（Reformpädagogik meets konstruktivismus）」と定式化されるように，この同盟関係には新教育運動の思想も入り込んでいる（Trautmann&Wischer 2011；松下 2010）。教育理念としての新教育―アントレプレナー的主体を求める政策的イデオロギー―，学習論のエビデンスとしての構成主義や脳科学という三者の緊密な結びつきが，今日の個別化論をより強固なものとして成立させることに貢献している。その際，文部科学省提言や経済産業省提言で繰り返し取り上げられているAIやビッグデータの強調は，逆説的な役割を果たすことになるだろう。つまり，AIやテクノロジーといった非人間的な技術に対して，「人間の強み」や「人間らしさ」を対置することで，そこに主体的で創造的な人間のあり方（例えば，状況に応じた意味づけ，想定外の事態への対処，自らの行動を考え責任をもって対応すること，など）を読み取っていくという図式をもたらすことになるからである。

　さらに，教育実践上の課題としても，個別化を正当化する論理としても，学級の異質性はより重要で喫緊の課題として認識されてきた。1970年代から80年代の個別化の議論が「落ちこぼれ」への対応やそれに対する能力別・習熟度別指導の是非に重点を置いていたのに対し，近年は外国籍，障害，ギフテッド

など，様々に立ち現れる特別なニーズ（のカテゴリー）に対して，どのように一人一人の学びを保障していくかという問題への社会的関心の高まりは顕著である。従来の学校教育の中で軽視されてきたニーズに関心が寄せられてきたことは勿論意味があることではあるが，それは反面では公教育の役割や目的を，親や子どもの個人的なニーズの充足や配慮へと焦点化していくことと表裏一体の構造をなしている（松下 2012, p.119）。

　以上のような時代的・社会的変化の中で，個別化という構想は「コンピテンシー発達，社会的選抜，教育的公正，異質性への対応，インクルージョンといった教育的諸問題へのほとんど唯一の回答」（Ricken 2018, p.195）として特権的な位置が与えられることとなる。そして，その潮流は，対立概念としての学級教授組織や一斉授業に「他律」「画一」「一方向」といったラベルを貼るとともに，古い，非教育的なものとして際立たせていく。

　こうした状況をふまえれば，学習の個別化に対して教育方法学的に応答することはいっそう困難な状況を迎えつつある。教育方法学に限ってみれば，1970年代から80年代の議論では，例えば学級・学習集団論の見地から個別化に対して次のような批判が展開されていた。1つは「学習と生活をあわせた学級の集団の必然性」から，「それを小学校から高校まで一貫してまもり通すことが，今日の能力主義の名による差別教育へのたたかいの眼目」（小川 1974, p.149）とするように個別化を能力主義や差異の固定化と結びつける批判である。もう1つは，「学習は，学習を必要とする人間存在の本質にかかわってもともと集団的であり，さらに人類の歴史的発展を保障するものとなるためには集団的でなければならないし，現実の学習過程が集団化の過程ともなるように運営されなければならない」（春田 1974, p.155）といった学習の集団的本質ないしは集団的性格の強調である。

　これらの指摘は，今日なお継承すべき点も含まれているが，すでに触れてきたように，個別最適化が他方で協同的な学習やアクティブ・ラーニングと結びついていることを考えれば，集団の意義を対置的に強調することで個別最適化を批判するだけでは限界もある。現代の学習の個別化をめぐる問題に対しては，

個別化か集団化かといった択一的な議論にとどまらず，根底にある「エビデンスと教育」，「教育の学習化（learnification）」（ビースタ 2018），「公教育の再定義」といった問題が交差する中での応答を余儀なくされていることをふまえておく必要がある。

## ❹　学習の個別化と学級授業との接合への課題

　これまで描いてきたように，個別最適化の議論が隆盛する中で学級教授組織をめぐっては，複雑な問題圏が構成されている。しかし，だからといって，安易に学級解体や学級再編という結論が導かれるわけではない。多様な論点は残しているにせよ，年齢で子どもを学級に編成することの民主性・平等性を大切にし，そこで生じる差異ある異質な他者とのかかわりのなかで，一人一人の学びを深めるという学級教授組織の思想は，いまなお追究されるべき課題を示している。今日の公教育に求められる様々な子どもたちのニーズの充足という課題に応答しながらも，異質な他者とともに考え行動する公共的空間としての学級を再構築していくことは大きな課題となる。

　その課題に応えていくために重要なことは，（冒頭の政策文書で繰り返されたような）“伝統的な”一斉授業と個々の子どものニーズに応じることとを対立的にとらえるレトリックを相対化し，乗り越えることである。今日，個別化教育の文脈において，国際的なレベルで展開されている「適応教育」をめぐる議論を参照しながら考察してみたい。

### （1）「アダプティブ＝個別化」か？

　個別化・個性化については様々な捉え方が存在しているが，生徒個々人の学習上の特性を診断的に明らかにし，その特性に適応するように学びの機会を提供する試みは，今日「アダプティブ・ラーニング（適応学習）／アダプティブ・ティーチング（適応教育）」という名のもので広がりつつある。近年の日本の教育の文脈では，アダプティブ・ラーニングは「e-ラーニングと関連づけて呼ばれることが多く，ICT技術やソーシャル・メディアなどを活用し，学習内容・

学習レベルの最適化を行うことをその特徴としている」（小柳 2019, p.103）。しかし，そもそも教育における「アダプティブ／適応」の問題は，教育心理学を中心に長らくテーマ化されてきたものであり，主に1970年代のクロンバック（Cronbach, J. L.）やスノウ（Snow, R. E.）によって考案された，適正処遇交互作用（ATI）理論を起点としている。

　適性処遇交互作用理論は，その登場により，教授方法の優劣を問題にするのではなく，学習者の個人差に応じた教授方法の開発を促す契機となったと評価される。その一方で，教育実践への転用に際しては「学習者の適性に応じて教授法を変えることを要求するこの理論は，個別化学習を必然的に要求する」（子安 1987, p.229）と指摘されるように，学習者の分化（Differenzierung）とセットで構想されることが多い。このように「教師による生徒の成績評価を基盤として生じる授業方法の選択や分化の措置のような，長期にわたる授業の適応」は「マクロ適応（Makro-Adaptation）」（例えば，能力別グループ編成，トラッキング，完全な個別化など）と呼ばれ，長らく適応教育の具体的方法の主流をなしていた（Dumont 2019, p.255）。しかし他方で，このようなやり方は，生徒の個人差を固定的に捉えることで，子どもたちの社会的および経済的な不平等を促進するリスクを抱えるのみならず，実証的な研究（メタ分析）の中では，素朴に期待されるほどには高い学習上の効果をもたないことが示されてきた（Hattie 2009：山森監訳 2018）。

## （2）学級授業における適応

　こうしたマクロ適応の課題をふまえながら，適応の問題を制度的な分化の問題に結びつけるのではなく，学級授業の日常の中で捉え直そうとする試みもある。その一例として，コルノ（Corno, L.）の「適応的に教えること（On teaching adaptively）」（Corno 2008）で展開されている議論は示唆的である。

　コルノは，発達レベル，認知的能力，ジェンダー，人種，文化的背景といったさまざまな差異をもった子どもたちが集められた学級において，「学級に教える（teaching classes）」のではなく「学級で個々人に（individuals within classroom）」教える教師が存在するという実践的事実に着目した。このような

教師は，指導の最中に行われる子どもとの応答の中で，子どもたちをみとり，働きかけのための手がかりを引き出そうとする試みを行っており，このような個々の子どもへの適応のあり方は「ミクロ適応（Mikro-Adaptation）」と特徴づけられる。そして，個々の子どものニーズに適応的に応えて教えようとする教師は，学級集団の中での一人一人の“違い”に価値を見出し，それを個別化・差異化された指導としてではなく，「共通の学習」のためのリソースとして活用することで，全ての学習者の自主的な学習を支援している。これがコルノによる議論の要点である（**図1**）。

**克服されるべき障害としての個人差**

・個別指導　　　　　　　　　　　　　・同質化グループの使用

・適応的なコンピューター・ベースの　・柔軟なグループピングの変更
　指導

**学習のための機会としての個人差**

・挑戦的かつ支援的な学習環境の提供

・生徒の強みの活用　　　　　**教師の応答性**

・弱点領域の補償

・適応的な教授と学習を可能に

・適応的な教授のための教師の資質の発展

**図1　分化の二つの観点**（Corno 2008, p.171）

　コルノの議論から示唆されることは，個々の学習者のニーズに応じることと学級で一斉に教えることが二項対立的にではなく，関係構造のもとに捉えられていることである。やや引き付けすぎた捉え方になることを承知でいえば，「単に知識の習得ということではなくて，思考力の形成という課題を授業の課題として重視しようとする場合には，互いに異質な，個人的で個性的な意見と意見

との相互作用が不可欠なことになる」という視点から，「一人ひとりの子ども
の個別的な反応」を重視しながら展開される統一的な一斉授業の条件を探求し
てきたわが国の学級授業論とも重なりあうところも多い（吉本 1973）。

　さらに注目すべきは，こうした異質性の論理に基づきながら適応的に授業を
構想するうえで中核的な役割を果たすものとして，教師の応答性が据えられて
いることであろう。応答性を教育実践を成り立たせるための基盤として捉える
考え方は，わが国でも繰り返し指摘されてきた。久富（2017）は次のように指
摘する。「教える行為は，（中略—注：引用者）結局学習者の側が習得してく
れなければ本当には達成されないものなので，教師は目の前にいる子どもたち
が示す反応，そこに表現される子どもたちのリアルな状況，かれらの期待と必
要・要求（needs）にも応える（response）ことが求められる。学んでいる子ど
もたちの状況を把握しその期待と必要・要求に応答することによってこそ，教
師の教えるという仕事はその責任（responsibility）を果たすことになる。」（p.171）

## （3）学習の個別化時代における学級授業の諸課題

　教育政策の中で特権的な位置を付与される教育・学習の個別（最適）化は，
学級授業への批判から出発し，両者を対比的・対立的に捉えることで，それら
を関係構造ないしは統合の視点で捉えることを難しくする。その根底にあるの
は，教師がファシリテーターとなり個々の学習者のニーズに沿っていけば自立
的な学習が生起してくる，あるいは一人一人のニーズに応じた教育のためには
一斉授業は疎外要因でしかないといった単純図式である。そこでは，異質性や
ズレが持つ教育的な意味や教師が教えることの役割は後景に退いていく。

　たしかに，授業が一人一人の子どものニーズに対して適応的であることは，
教育的価値として重要である。ただし，その適応的であることの内実は多様に
捉えられるものであり，必ずしもそれが分化や個別化といった組織的で形態的
な転換や改革に結びつくわけではない。むしろ今日の適応理論が示すのは，学
級の中に広がる差異をどのように捉え，授業の中に位置づけていくのか，その
際個々の生徒の学習上のニーズや特性を捉える上で教師の応答性がいかに重要
な役割を果たすかという，古くて新しい問題圏への注目である。国際的なレベ

ルで展開される適応をめぐる議論を参照しつつ，学級授業の中で教師が日常的に行っている個別的接近や子どもへの応答のあり方についての実証的で実践的な研究がこれから一層求められていくことになろう。

　また，個別最適化にせよ学級授業におけるミクロ適応にせよ，そこで重要となるのは，子どもの学習状況の評価ないしはみとりである。アダプティブ・ラーニングや学習ログの構想にみられるように，今後はテクノロジーを用いた子どもの学習履歴の蓄積や学習の可視化が子どもの評価を支援してくれることもあるだろう。そこでは，テクノロジーによって可視化されたデータ（測定の視座：エビデンス）と教師のみとり（理解の視座：応答責任）とが建設的に結びつくことが求められる。しかし，現実には，可視化されたデータにより教師の主観的な把握が駆逐されやすかったり，教師による子どものみとりの視点が変質させられかねないことには注意が必要となる（熊井・杉田 2019）。さらにいえば，「『子ども理解』の科学が進展するほどに，子どもをめぐる問題は教育＝『適切な指導』によって解決できることになる」（松下 2010, p.146）とする松下の指摘を引き受ければ，個別的な学習状況やニーズのみとりに基づいて行われる教育が，エビデンスに基づいた「最適」なものとして提供されることで，それを使い尽くす義務を教師や子どもに負わせていくことも危惧される。また，子どものニーズを読み取り，"適切な"働きかけを判断する権限が教育者に占有される限り，子どもは教育の客体に置かれ続けることになってしまう。今後，教育政策として進められる個別最適化（アダプティブ）と教室の「日常」としての学級授業とを統合的に構想していく際，こうした子ども理解の問題は重要な課題となると考えられる。

　なお，本稿では，教室における授業レベルの問題に焦点を当てたが，冒頭でも指摘したように，今日の教育の個別化をめぐる問題で問われているのは学級教授組織のあり方そのものである。伝統的に，わが国の学級論はその集団的・共同体的性格に焦点を当てる傾向があるが，教育課程編成単位としての学級（グレイド論）をどうとらえるか，教室空間の構成をどのように考えるかなど，学級論の多角的な検討が必要となることも残された課題として提示しておきたい。

## 注

1)　なお，「個別化」はそれ自体が極めて論争的な概念である。これまで教育方法学研究においても，量的差異／質的差異，授業のねらい／教材／形態，自己制御／他者制御といった視点からその整理が試みられてきたし，近年では，アダプティブ・ラーニング，個別化，パーソナライズド・ラーニング，開かれた授業，自己制御的学習など外来語とともに関連するカテゴリーが多数生起しており，一層複雑な様相を見せている（Dumont 2019）。これら一つ一つの差異を検討していくことも重要ではあるが，本稿では細かな区分やそれぞれの差異に注目するのではなく，個々の生徒の学習条件を診断的に把握し，そのニーズに基づいて授業・学習を組織しようとする試みを広く個別化と捉えて議論を進めたい。

2)　文部科学省提言においては，Society5.0を牽引するための人材に求められるものとして，直接的に「アントレプレナーシップ」が掲げられたり，AIやロボットに労働が代替されるなかでの「働くこと」自体の意味として「自己実現」や「生きがい」が強調されている。また，経済産業省提言においても，これから求められる人材を「チェンジ・メイカー」と名付け，そこで求められる力を「50センチ革命」（現状に満足せず変化に向けて踏み出すこと）「越境」（従来の分野や組織を超えて協働すること）「試行錯誤」（失敗を恐れず挑戦し，次の一歩に挑戦し続けること）と提案している。まさにアントレプレナー的な主体のあり方が望ましい人間像として提示されていると見て取ることができよう。

## 参考文献

・小川太郎（1974）「学習集団をめぐる問題」日本教育方法学会編『教育方法6 授業研究の課題と方法』明治図書，pp.140-149.
・小柳和喜雄（2019）「個別最適化学習システムを用いた取組の評価に関する萌芽的研究」奈良教育大学次世代センター『次世代教員養成センター研究紀要』第5号，pp.101-110.
・久冨善之（2017）「日本の教師，その12章―困難から希望への途を求めて」新日本出版社.
・熊井将太, 杉田浩崇（2019）「教育政策・制度の中で教師はどのように「エビデンス」に応答しているか」杉田浩崇, 熊井将太編『『エビデンスに基づく教育』の閾を探る』春風社，pp.98-128.
・経済産業省「未来の教室」とEdTech研究会（2019）『『未来の教室』ビジョン　第2次提言」https://www.meti.go.jp/shingikai/mono_info_service/mirai_kyoshitsu/pdf/20190625_report.pdf（2020年3月30日参照）
・経済同友会「自ら学ぶちからを育てる初等・中等教育の実現に向けて～将来を生き抜く力を身に付けるために～」https://www.doyukai.or.jp/policyproposals/uploads/

docs/190403a.pdf（2020 年 3 月 30 日参照）
・ 子安潤（1987）「適性処遇交互作用」吉本均責任編集『現代授業研究大事典』明治図書，pp.228-229.
・ 佐藤昌宏（2018）『EdTech が変える教育の未来』インプレス．
・ 渋谷望（2011）「アントレプレナーと被災者―ネオリベラリズムの権力と心理学的主体―」日本社会学会編『社会学評論』第 61 巻第 4 号，pp.455-472.
・ 春田正治（1974）「学習集団をめぐって」日本教育方法学会編『教育方法 6 授業研究の課題と方法』明治図書，pp.150-177.
・ ガート・ビースタ著，上野正道監訳（2018）『教えることの再発見』東京大学出版会．
・ 深澤広明（1999）「学級教授」恒吉宏典・深澤広明編『授業研究重要用語 300 の基礎知識』明治図書，p.292.
・ 松下良平（2010）「新教育の彼方へ―学ぶこと・教えることの新たなヴィジョンに向けて―」教育思想史学会編『近代教育フォーラム別冊　教育思想史コメンタール』，pp.139-152.
・ 松下良平（2012）「公教育を再定義する―公共的市民の育成をめぐる理念と現実」『現代思想』青土社，2012 年 4 月号，pp.110-127.
・ 文部科学省（2018）「Society5.0 に向けた人材育成～社会が変わる，学びが変わる～」http://www.mext.go.jp/component/a_menu/other/detail/__icsFiles/afieldfile/2018/06/06/1405844_002.pdf（2020 年 3 月 30 日参照）
・ 吉本均（1973）「子どもの個人差から指導の個別化は導きだせない」『現代教育科学』明治図書 1973 年 1 月号，pp.56-61.
・ Corno, L.（2008）: On Teaching Adaptively. In: *Educational Psychologist*. Vol. 43, No. 3.
・ Dumont, H.（2019）: Neuer Schlauch für alten Wein? Eine konzeptuelle Betrachtung von individueller Förderung im Unterricht. In: *Zeitschrift für Erziehungswissenschaft*. Vol. 22.
・ Hattie, J.（2009）: Visible Learning. A synthesis of over 800 meta-analyses relating to achievement. Routledge, London and New York.（山森光陽監訳（2018）『教育の効果―メタ分析による学力に影響を与える要因の効果の可視化』図書文化．)
・ Rabenstein, K.（2016）: Das Leitbild des selbstständigen Schülers – revisited. Praktiken der Subjektivierung im individualisierenden Unterricht. In: Rabenstein, K., Wischer, B.（Hrsg.）（2016）: *Individualisierung schulischen Lernens. Mythos oder Königsweg?* Klett, Kallmeyer，pp.47-63.
・ Trautmann, M., Wischer, B.（2011）: *Heterogenität in der Schule. Eine kritische Einführung*. VS Verlag, Wiesbaden.

## 3　子どもの安全・安心を保障する学校づくり

神戸大学　川地　亜弥子

### ❶　新型肺炎と学校の安全・安心

　学校は，子どもたちの安全・安心を保障する役割を果たしているか。その試金石となったのが，今回（2020年）の新型肺炎COVID-19（新型コロナウイルス感染症）の感染拡大防止を理由とする休校であった。

　2019年3月，学習指導要領改訂をふまえて改訂された「学校安全資料『生きる力』をはぐくむ学校での安全教育」（2001年11月初版，以下「安全教育資料」）において，安全とは「心身や物に危害をもたらす様々な危険や災害が防止され，万が一，事件や事故，災害等（以下「事故等」という）が発生した場合には，被害を最小限にするために適切に対処された状態」と定義されている。

　コロナ禍において，休校は，感染拡大の速度を緩める，子どもたちを感染のリスクから守る，医療崩壊を防ぐという点では，安全を保障する一つの道であったといえるかもしれない。しかし一方で，急な休校に伴い，子どもだけで過ごさざるを得なくなったための事故・事件，子どもが家にいることで保護者のストレスが増大した結果の事故・事件等（ここには虐待や保護者の精神疾患の悪化による事故などを含めることができるだろう）など，深刻な問題が発生した[1]。

　今回の一斉休校は，日本の学校が果たしてきた保護機能の強さを浮き彫りにしたといえるだろう。コロナによる休校以前から，学校は，上記のような事故・事件の回避だけでなく，子どもが安心していられる場所であることを重視してきた。安心は心理状態に関わり，安全であれば安心を得られるわけではない。例えばお金の心配をせずに給食を食べられる（給食費無償対象の子どもだけで

なく，おかわりも自由である），友達とのびのび遊べる，けがをしても誰かと
一緒に保健室へ行ける，悩みごとがあったら聞いてもらえる，という状況を学
校は当たり前のものにしてきた。家庭が時として子どもの居場所になりえない
現実から，家庭から子どもを守ることにも取り組んできた。学校は，教育権の
保障だけではなく，子どもたちの人間的な生き方を守る砦としての役割を果た
してきたのである。

　保護者に対しても，学校は就学援助申請を通じた貧困の把握（未提出の家庭
に働きかける中で，書類の書き方が分からない等の訴えがあり，そこから具体
的に話をして生活の把握に進むこともある），家庭訪問や保護者とのやり取り
を通じた家庭環境の把握，虐待の早期発見・対応，子どもが家族の世話や家事
などを過度に担っている（いわゆるヤングケアラーの状態）などの困難の把握
をすることがある。虐待とまではいえない，グレーゾーンの子どもたちについ
ても心を配る。困っている保護者を他の保護者とつなぎ，教師以外の相談相手
や子育て仲間を増やしていく。このように保護者に対しても，経済的貧困から
人間関係の貧困の改善まで，学校は幅広い役割を担ってきた。

　もちろん，社会保障が十分機能していれば，つまり，仕事がなくなってもひ
とまずの生活の見通しがもてる，子育ての悩みや保護者の状況についても地域
の福祉機関が十分把握しており，事態の急変時に連絡・確認できる，等の体制・
仕組があれば，そもそも学校が社会保障に関するサポートなどについて考慮・
対応しなくてよいはずである。しかし実態としては，地域の公立学校が福祉の
不十分さを補ってきたのである。

　浅野は，中学校夜間学級（夜間中学）に通う生徒の生活と意識を調査するた
め，1,150名（自主夜間中学生102名含む）の生徒にアンケートを行った[2]。そ
の結果，生徒たちは学校を「人権としての『学習権』より，さらに現実的かつ
根底的（ラディカル）」なことを学べる場所だと認識しており，夜間中学の意
義を「学習権」という近代的権利論の枠内では考えていないことが明らかとな
った。学校を近代的人権・学習権の保障やそれを支える国家の公共性の実現と
いう意義からではとらえきることができず，「生きた人間の生活実践」として

みるべきはないかと浅野は主張している。

　本稿では，教育権保障を中心的な役割としながらも，人間の生き生きとした生活を丸ごと支える福祉の役割を果たしてきた学校について，子どもの安全・安心を保障するとはどのようなことなのか考察していきたい。

## ❷　日本における安全・安心教育とリスク管理

　2008年，学校保健法が一部改正されて学校保健安全法が制定され，従来の学校の安全教育，安全管理に加え，危機等発生時対処要領の作成が学校に義務付けられた。2019年版学校安全資料でも危機管理対応の重要性が強調されている。ここ20年間をみても，「学校への不審者侵入時の危機管理マニュアル」（2002），「学校の安全管理に関する取組事例集」（2003），「学校の危機管理マニュアル」（2007），「学校防災マニュアル（地震・津波災害）作成の手引き」（2012）が作成され，1959年以来の安全教育と安全管理という枠組みを維持しながら[3]，組織活動に関連づけた「危機管理」への意識が高まっている。

　ここで重視したいのは，2019年版学校安全資料では「児童生徒等は守られるべき対象であることにとどまらず，学校教育活動全体を通じ，自らの安全を確保することのできる基礎的な資質・能力を継続的に育成することが求められており，自他の生命尊重の理念を基盤として，生涯にわたって健康・安全で幸福な生活を送るための基礎を培うとともに，進んで安全で安心な社会づくりに参加し貢献できるような資質・能力を育てる」ことが，学校教育の重要な目標の1つにされている点である。これらの文言を正面から理解し，学習指導要領と重ね合わせるならば，子どもたち自身が「主体的・対話的で深い学び」を通して，社会づくりに参加していけるような取組を進めることが，子どもたちの安全・安心につながっていると考えられる。

　安全管理と安全教育の接合点として高校生の意識に注目し，学校の安全・安心についての認識を調査した池田らは，以下の2点が，学校の安全・安心を高めることを示している[4]。

・個人（具体的な実行力，対処方法の理解）と集団（安心・安全の観念の共有，生徒の組織文化の形成）のどちらかではなく，両方のレベルを高めること5)。
・管理の側面（教員組織と地域の連携が想定されてきた組織活動）はもちろん，教育の側面（生徒集団を含めた組織としての観念・文化の形成）を重視すること。

　今まで日本の学校安全・危機管理は，事件・事故の発生における事前の危機管理（リスク・マネージメント）と事後の危機管理（クライシス・マネージメント）が，事件・事故の発生や被害の拡大を防ぐという工学・疫学モデルを前提に考えられ，管理の大切さが強調されてきた（**図1**）。しかし，池田らは，子どもたちの学校安全の意識には複雑な要因が絡んでいて，従来のようなモデルではとらえきれないというのである。

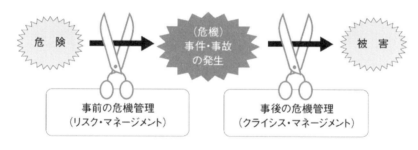

**図1　危機管理の2つの側面**
（文部科学省（2003）『学校の安全管理に関する取り組み事例集』p.1）

　この知見に基づけば，管理以上に子どもたちへの教育が，学校の安全・安心の意識を高めるということになろう。しかも生徒個人に対する教育だけでなく生徒・地域・教職員を含めた組織のレベルも高める方が効果的だということになる。

　こうした安全教育として，気仙沼市階上中学校の取組は参考になる。この中学校では，2005年から防災教育を始めており，生徒が総合的な学習の時間等を活用して津波のメカニズムについて学ぶ，体験館で模擬体験をする，普通救

命救急講習を受けるなどの取組を行ってきた。東日本大震災の際にも避難所の初期設営を行った。その後，防災教育を地域全体で行うこととし，2017年度には生徒の防災委員会が主体となって，避難所設営マニュアルも作成した[6]。防災学習では，知識・技術だけでなくコミュニケーション力，思考力，判断力，表現力を身に着けることも重視し，このような能力が生きていく上で重要な力になると子どもたちや保護者に伝えてきた。防災教育と，学校教育全体の教育目標とを関連づけ，しかも子どもにも意味を感じられる取組となっている。

## ❸　オンラインで子どもの安全を確認し，つながりをつくる

　子どもたちの安全・安心を守るために，学校は具体的にどのような対応ができるのかを考えていきたい。ここから❼まで，今回（2020年）の新型肺炎感染拡大防止のための休校の中，子どもたちの安全・安心を脅かした問題や，安全・安心への対策が功を奏した事例を紹介していく。

　新型肺炎による予定外の長期の臨時休校の中，子どもたちの安全把握と学習の遅れへの対策を講じようと，9月入学案やICTの整備など，様々な議論が行われた[7]。なかなか政府の方針が定まらない中，様々な規則の壁に阻まれ，オンライン指導が困難にもかかわらず，できることからと工夫して取り組んだ学校があった。

　横浜市立鴨居中学校では，首相の休校要請が報道された2月27日夜のうちに，各家庭へ緊急メール配信をした。教師は，未履修状況を確認し，休校中の対応について動き出した。教育委員会からは，ルール上，教師が動画を撮影して遠隔授業を配信することは難しいと言われた。そのため，学習については以前から協議していたNPOにICT教材の提供をお願いし，すでに不登校の子どもの支援で活用していたタブレット教材を活用し始めた。しかしこれでは子どもたちと学校とのつながりが全くない状態である。そこでYouTubeを活用した。学校としての公式配信は認められないとのことで，校長個人でアカウントを取り，自分で録画をして，日替わり朝礼を配信したという。各家庭にはメールでアド

レスを知らせ，動画は24時間以内に削除した。その結果，徐々に視聴者が増え，保護者や子どもたちからのコメントが届くようになったという[8]。いわば校長が責任を持つ形で，子ども・保護者たちと学校がつながった事例である。この方法では全員の安全確認はできないが，学校からの声が子どもたちに届くことで，安心につながったと思われる。

　また，越谷市立新方小学校では，4月に赴任したばかりの校長が，子どもの安否確認と，担任の教師と接する機会の確保のために，オンライン会議システムを活用した。早い段階で，校内事情にも詳しく，大学院で新型コロナ対策等についてのZoomゼミに参加した教師がいると分かったため，4月6日には校内研修を開催，8日の始業式に説明プリントを子どもたちに配り，翌日・翌々日には「Zoom朝の会」を開催した。当初は3割の参加率であったが，3回目の4月16日には7割に増えた。校長と教員の連携で短期間にオンライン活用が広がった事例である。大人しかスマホ等の端末を持っていない家庭では，大人が端末をもって仕事に行くと参加できないなどの問題はあるものの，これをきっかけに保護者が声を掛け合っていくなどの効果もあったという[9]。

　電話で保護者とつながった学校もある。ある教師は，毎日各家庭に電話をかけ，保護者と話していたら「担任が変わったばっかりなのに，うちの子のことで先生を困らしたら悪いと思っていた」と言われ，保護者が不安な気持ちを抑え込んでいたことに「胸が締めつけられる思い」だったと述べた。

## ❹　授業を生活の場で受けることの困難

　オンライン授業の提供は，勉強の遅れに対する子どもや保護者の不安を解消するうえで重要である。しかし，進めていくうえで克服すべき課題は大きい。

　熊本市では，全国でも早くに全公立小中校（原則小学校3年生以上）でオンライン授業に取り組んだ。義務教育段階の子どもたちには，3人に1台は機器があるようにと整備してきており，教員にも1人1台，使用制限のないタブレットがあり，早期実現に結びついた。子ども用も含めて最低限のフィルタリン

グにしており，YouTubeなどを見ることもできるという[10]。しかし，オンライン授業の課題は機器を充実させれば解決できるわけではない。

　筆者は4月中旬からオンライン授業に取り組んだ地域の家庭に半構造化インタビューを行う機会を得た（2020年4月24日，LINEにて実施）。公立小，中，高に1人ずつ子どもが在籍する家庭である。公立学校が3月から休校となった中での4月中旬からの授業配信は，保護者の実感としては「ようやく」とのことであった。機器については，1人の子どもにはすぐにタブレットが配られた。他の2人は家にあったタブレットとスマホを使っており，スマホでは画面が小さすぎること，家のタブレットが宿題用アプリに対応していないことに困っていると語られた。

　一番困っていることとして挙がってきたのは，学びの空間の確保であった。子どもが複数いる家庭の場合，オンライン授業が提供されると，一人一人に学びの空間を確保することは至難である。学校から「できるだけ，背景が白いところで授業を受けるように」と指導があったとのことで，子どもたちが場所を取り合っているという。できるだけ静寂な環境で，との指導もあったが，「にぎやかな我が家ではかなり難しい」とのことであった。子どもが小さかった時のことを思い出し，もし乳幼児を育てている時期だったら本当に大変だと思う，虐待が増えているのではないかとも話してくれた。

　このインタビューから得られる示唆は，学習場所の保障を考慮しなければ，授業配信で教育権保障という子どもたちへの善意が，家の中のストレスの増大につながる可能性が高いという点である[11]。

　佐藤は，学校を「社会において達成されてきた文化価値の組織的計画的な伝達を主な機能とするフォーマルな施設」であり，かつ「原則として一定の空間を占有し，長期的かつ継続的にその機能を維持し続けるもの」と定義した[12]。

　一方，家庭は宿題などを行う学習の場である以上に，休み，余暇を楽しみ，遊ぶ場所である。保護者も在宅勤務，子どもも在宅で授業という状況では，「ようやく」授業が受けられても，別の困難が生じる。結果として，子どもの安全が脅かされる状況も生まれやすい。もちろん，学校よりも家庭で学習する方が

安心だという子どもには，家で教育を受けられる権利を保障していく必要がある。

いわゆる分散登校の際には，ゆったりとした空間で丁寧に教えることができ，「早く全員に会いたいけれど，20人学級いいですね」という声も教師から聞かれた。少人数学級，教員定数の改善，多様な支援の大人の増員と，教室の確保が可能になれば，学びの空間保障を進めることもできると思われる。

## ❺　負担の大きな宿題（家庭学習課題）

休校期間中に出された大量の宿題が，子どもたちや保護者を追い詰め，過度なストレスや虐待の誘発など，子どもたちの安心だけでなく安全を脅かすこともあった。

学習の遅れや学力格差拡大になんとか歯止めをかけようと，文部科学省は全国の教育委員会にあてて，教科書に基づく計画性のある家庭学習を課すことや，それを評価に反映できるとする通知を出した。その結果，長期臨時休校中，多くの学校で宿題が出され，子どもたちや保護者が追い詰められることとなった。文部科学省は，通常の長期休業中に横行していた「宿題代行」への対応[13]を2018年に行っており，宿題の負担が大きくなりすぎれば問題を生じさせることは十分予測できたはずである。

5月20日時点で特定警戒地域に指定されていた8都道府県の小・中・高校生や保護者に対して，朝日新聞の#ニュース4Uが行ったアンケート[14]では，休校期間中の学校の対応について，宿題の量が「多すぎる」約36%，「学習メニューを書いた時間割を渡された」約38%，宿題を「すべてやっている」約64%であった。宿題を全部はやっていないという子どもが3分の1いることについて，「無理しなくていい」と判断できている家庭もある，とみることができなくもない。しかし，学校から，分からないところに関して「いつでも質問して」「無理しないで」「次の登校の時にきけばいい」などの方針が示されないと，宿題をどこまで進めるのかは，各家庭の判断に任せることになる。それが原因で，

家庭内不和（宿題をするかしないか，いつどのようにするかに関する意見の相違等）から子どもの目の前で，両親が激しい喧嘩をしてしまう，子どもに対して強く叱責してしまうなど，虐待もしくは虐待に近い事案が起きた。なお，少数だが「自学できるようになった」「時間割が決められていて助かる」と前向きにとらえている人もいた。評価に「使うと聞いている」人も約23％おり，子どもの内申点への影響を考え，保護者がサポートのために離職すら検討しているという事例も報告された。

　子ども自身が宿題の問題を解けないストレスで精神的に不安定になり，保護者から「1時間近くうなり声をあげることもあり，毎日怒号が飛び交う」との訴えもあった。

　このように，まじめな子どもたちが宿題に追い詰められていることは，以前から指摘があり，「たかが宿題」とはいえない深刻な問題である。特に4月以降，担任が変わった場合には[15]，子どもの状況がよく分からないまま課題に取り組ませることになる。宿題を出した責任は学校や教師にあるはずだが，まじめな子どもたちはできない自分を責める。宿題に限らずだが，まじめな子どもたちは限界まで頑張っているのに，周りから（何の気なしに）「がんばったらできる」と言われ，子どもの二次障害がさらに悪化することもある[16]。子どもや保護者とのつながりなしに宿題を出すことには慎重でなければならない。

　対策として，宿題を出した後タイミングを見計らって全家庭に電話をし「2割の子どもたちは困っている」ということを把握し，「無理しなくていい」ということを各家庭に伝えた教師もいた。宿題に困っているのは自分（の子ども）だけではないと知ると，子どもも保護者も安心できる。

## ❻　子どもの思いを共有し，安心できる環境づくり

　家庭にいる子どもの声を聴き，それにこたえることも子どもの安全・安心を守ることにつながる。それは子どもの家庭環境の状況を把握するだけでなく，思いを共有したり，安心できる言葉を伝えられるからである。

　「宿題だけでなく学級通信を届けよう。子どもにも今の思いを書いてもらおう」と考え，作文を出してもらい，それを通信にして配布した学校もあった（5月末で16号まで発行）。他にも校長が，子どもたちに作文を書いて学校に届けてほしいというプリントに添えて，すべての子どもたちに手紙を書いた小学校もあった。届いた作文にはコメントを書き，通信（2〜6年生の作文を掲載）を作成した。

　これらの学校では，学習の課題を出すだけでなく，子どもたちや保護者の声を聴いてこたえることを積極的に行ったのである。作文を通じて，子どもや保護者にまず安心してもらう中で，子どもたちから「久しぶりにお父さんとコタツで寝た」「おばあちゃんと畑」という休みの間の楽しい経験や，「みんな」や「一緒」という言葉を繰り返して，学校への期待を書いている子どももいた。「宿題に困っている」「朝起きられない」という悩みも出てきた。

　ある小学6年生の日記に，「このごろとてもイライラします」と書かれていた。担任は，5月下旬の学級通信に載せ，「自分がイライラしていることがわかるところがいい。いつまで続くかわからない『自粛・自粛…』の沼の底で，イライラしない方がおかしいのかもしれない」とのコメントを添えた。明るくごまかすような通信ではなく，子どもたちの日記をしっかりと受けとめ，コメントを書いてきたからこそ，子どももイライラする気持ちを書けたのではないか。子どもも保護者もさまざまな思いを持っている。それを教師が「聴いてあげる」という姿勢ではなく，思いをいつでも言える，書けるツールをつくり，人間的な関わりを豊かにすることで，子どもや保護者からの声をキャッチできるようになる。

　この学年は，学校再開の見通しが立った段階で，担任全員の会議で，子どもに「心配いらない」ということをまず伝えよう，と話し合った。最高学年で学習内容も難しくなり，子どもたちも心配している。学校が休みでも，子どもはそれぞれに自分の時間を生きている。「宿題はできるだけやって！」ではなく，先生がちゃんと教えるから，安心しなさい，というメッセージを出そう，と話し合った。5月末の学級通信には，Aさんの日記（勉強が心配との内容）に「勉

強のことは心配ない。先生がバッチリ教えるから，大丈夫」とコメントを載せた後，「生活リズムは早起きから」と助言し，最後に「予習プリントなどでわかりにくいところがあったりして，Aちゃんみたいに『勉強が心配』という人もいるのかな。でも大丈夫。勉強のことは先生にまかせなさい」と書いている。

　このような，休校中も子どもたちが自分の思いを出し，安心できるような取組，そして，学校再開後には安心して自分の意見を言い，学校生活を楽しむような取組，子どもたち自身が学校や家庭の安全・安心を高めていけるように，学習を深め意見を出し合うような取組が求められる。その前提となるのは，学校生活において「接触を避ける」「話しかけない」ことの推奨ではなく，「こうすれば一緒に楽しめる」「自分の思いを伝えられる」という前向きな助言であろう。

　なお，この教師は，40分授業を1日7校時という学校の案に対し，「教材研究がちゃんとできないから困る！」とはっきり主張した。子どもに「大丈夫」というからには，教師も責任をもって体制を整えなくてはならない。

## ❼　納得と安心に基づく安全教育

　安全教育は，ルールを教えるだけではなく，子どもの理由を伴って考える力を重視した指導を行い，子ども自らが判断主体として尊重され，納得と安心に基づいて行われるべきである。

　2017・18年版学習指導要領では，防災・安全教育の充実が大きく取り上げられており，今回の新型肺炎も，感染拡大の仕組み，世界の感染状況，自治体や国による対策，生活の場の工夫など，子どもたちと共に考えることができる。被災が長期にわたった場合の生活の保障，避難所運営のあり方なども子どもたちにとって身近な問題である。新型肺炎や自然災害等に対する世界の学校の対応（授業だけでなく居場所の保障も含めて）等を比較することも興味深い。地球規模の感染症拡大防止はまさにグローバル社会で取り組む喫緊の課題である。

　こうして書くと，小学校低学年までは難しいように感じるかもしれないが，

幼稚園から取り組めることも多数ある。5・6歳の子どもたちは，自分たちで遊びを工夫し，生活をつくりかえる力を備えている。「ルールだから」ではなく，具体的な理由を伴って「〜から…した方がいい」と理解できる。納得するために重要なのは，本物，新しい価値との出会いである。

　例えば服部は，5歳児クラスに「バイ菌博士」がやってきて，目には見えないバイ菌が増えるリアルな映像を見せ，手洗いを指導した事例を紹介している[17]。いわば，見えない世界を見えるようにしたことで，子どもたちが驚きをもって学んだのである。子どもたちは，自分から丁寧に手洗いをするようになり，家でその意義を説明した子もいた。手洗いやうがいは，少しでも早く遊びたい子どもたちからしてみると面倒なことであろうが，その根拠をしっかりと理解することが，自らルールを守り，安全性を高めていくことにつながるのである。何よりも，納得を伴って行動していくことができる。

　他にも理解を伴った小学校の安全教育として，教師の目の届かない時間帯である休み時間にも子どもたちが自らルールを守るように，単に「ルールだから」ではなく，「なぜこのルールなのか」と理解を深め，事故の可能性などを子どもと一緒にしっかり検討していくことが重要となる。「ここにはものを置かない」という指導ではなく「つまずいて転ぶかもしれない」「窓から落ちて下にいる人に当たるかもしれない」といった，理由を伴って考える力を重視した指導を行い，子ども自らが判断主体として尊重され，納得と安心に基づく安全教育を行うべきである。

## ❽　日常の学校生活に潜む課題

　本稿では，主に新型肺炎とそれに伴う休校に焦点をあて，学校の安全・安心について考えてきた。しかし子どもの安全・安心に関する課題は，今回の新型肺炎のような非常事態時だけでなく，日常の学校生活にも多く存在している。

### （1）学校におけるいじめや暴力行為

　学校におけるいじめや暴力行為は，怪我や自死など，時には身体・生命の危

機に関わる問題である。このような問題についても，子どもたち一人一人の思いや理解をしっかりとらえることができる学校の体制を整え，子どもたちには「一歩立ち止まって理由・根拠を考えさせる」指導を行い，納得と深い理解を伴った行動を育てるべきである。

## (2) 給食

　給食をめぐる安全と安心については，食中毒の予防，アレルギー対応等をしっかりしなかったために，命に関わる問題になったり，子どもの健康が脅かされたりすることがある。しかし給食は，食中毒やアレルギーの事故がなければ安心というわけではない。食べなくては生きていけないにもかかわらず，「給食が苦痛だ」とする子どもたちは少なからず存在する。藤原は，現在でも給食が「大人が子どもに行使する権力の温床」と「大人の経済的欲望の在り処」であり続け，一方で「子どもの生を開花させ，命をつなぐ現実」でもあると指摘している[18]。このことは，大人が宿題で子どもを責め，学習用機器・アプリ等の消費者の獲得攻防を行い，その一方で子どもが生き生きと生きられる時間をつくろう（様々な権利保障の原点としても，そのような権利保障以前の生きる場としても）とする大人がいることを考えると，ほぼ同型の構造をもっているといってもよいだろう。

## (3) 多様な文化的背景をもつ家庭

　多様な文化的背景をもつ家庭の子どもの安全・安心にも多くの課題が残る。日本語や日本の文化に慣れていない子どもたちとその家族の受け入れには，いじめや言語・文化の違いによる孤立など，特に配慮が必要である。

　2012年4月，大阪でフィリピン人の女性が小学1年生の長男を殺して一家心中を図る事件が起きた。慣れない子育て，貧困，言葉の困難が重なったためか，母親がノイローゼ状態になったのである。長男の通う学校は，多様な文化的背景をもつ子どもたちが多く在籍しており，教師たちがサポートに不慣れだったわけでは決してない。母親も子育てに熱心だったという。その中で起きたこの事件を二度と繰り返さないために，校長は，学校や子ども，親の味方になってくれる存在を必死に探し，地域の「夜間教室」と連携するに至った[19]。学校

からの支援ができなくなる卒業後も見据え，地域と連携し，子どもや保護者への支援ができなくなる卒業後も見据え，地域と連携し，子どもや保護者へのサポートを強化していく必要がある。

## ❾　おわりに

　子ども，教職員，地域，それぞれが主人公として参加し，組織としても向上しなければ，学校の安全・安心は保障されない。今回の新型肺炎でも，教育委員会としては休校にすることで子どもの安全が保障されると考えても，それが保護者や子どもたちに納得されなければ安心にはつながらない。過去の心配・不安が整理され，現在・未来についても大丈夫だという感情を持てなければ，安心とはいえないだろう。予測不可能な時点での決断に不安が伴うことは当然であるが，それでも大人は判断の根拠を子どもにも分かりやすく説明し，情報や知識がないことによる不安から解放するべきである。そして，不確実とはいえ何を根拠にどのように判断したのかを知らせ，子どもを能動的な判断主体として育てていくことが不可欠である。

　これからの2・3年は，新型肺炎の第二波，第三波の中で，これまでの知見・技術を吟味・共有し，今回の長期休校により新たに発覚した問題点についても考えていくべきである。そして，子ども・保護者・地域と共に，安全・安心を実現する学校づくりをいかに進めていくかが問われているといえるだろう。

注
1)　放課後児童健全育成事業実施施設（いわゆる学童クラブ，放課後児童クラブ，学童保育所等。以下学童と略）や，放課後児童デイサービスは，長期休みと同様に子どもを受け入れるように，という対応は，こうした事態を回避するためであった。しかし，学校を休校としたのに，学校以上に「三密」（特に，密接・密集）になりやすい学童・放課後児童デイサービスで積極的開所との方針が，矛盾が大きかった。学童を利用できていない家庭もあり，「どうしても一人で留守番できない子ども」だけを対象とした学校での預かりも利用を控えた家庭もあった。家族の介護，自身の病気等がある保護者も多く，急な生活変更への対応そのものが難しく，声も上げられない状況もあった。結果として，虐待状況となることもある。

2）浅野慎一（2012）「ミネルヴァの梟たち──夜間中学生の生活と人間発達」『神戸大学大学院人間発達環境学研究科紀要』第 6 巻第 1 号，pp.125-145.

3）学校安全の語が法令上初めて用いられた日本学校安全会法（1959 年）の第 18 条において「安全会は，第一条の目的を達成するため，次の業務を行う。一　学校安全（学校における安全教育及び安全管理をいう。）の普及充実に関すること（以下略）」と記された。以降，学校安全では安全教育と安全管理，つまり教育と管理に区分がなされてきた。

4）池田隆英・福本昌之・難波知子・湯藤定宗（2020）「高校生の『学校の安全・安心』に関する認識の分析（2）──高校生の『学校の安全・安心』意識の規定要因の分析──」『大分大学教育学部研究紀要』41（2），pp.287-300.

5）個人レベルの要因として具体的な実行力と対処方法の理解が，集団レベルの要因として安全・安心に関わる観念が集団で共有されることが挙げられている。

6）安部晃司（2020）「東日本大震災では生徒主導で避難所を設営　地域と協力し，被災経験を後世に伝える」『総合教育技術』小学館，pp.34-37.

7）休校中の学習の遅れ，学力格差拡大への懸念から，9 月入学案も浮上した。しかし，家計負担・財政負担が6.5 ～ 7 兆円と膨大（2020 年 5 月 22 日発表の日本教育学会「『9月入学・始業制』に関する提言書── 9 月入学よりも，いま本当に必要な取組を──より質の高い教育を目指す改革へ──」より）であるだけでなく，今の教育に注ぐべき力が削られ，9 月入学以降のために使われてしまうとも指摘され，ひとまず今すべき改革とは目されなくなった。なお，今すべきことの一つとして挙げられている通信環境の整備については，2019 年末に打ち出した GIGA スクール構想（小中学生に 1 人 1 台のパソコンやデジタル端末を整備）の当初の目標達成年（2023 年）を前倒しにし，2020 年度中としている。世界的な端末不足，セキュリティへの不安，更新やメンテナンス費用と自治体財政負担などの不安も噴出している。教科書同様と考えるならば全員に無償配布が当然であるし，鉛筆やノートの代わりと考えても，できれば無償，少なくとも同程度の安価な費用で使えるようにしなくては，安心して使えないだろう。

8）佐藤さとる（2020）「常に不測の事態を想定し「学校の応援団」をつくっておく」『総合教育技術』pp.26-29.

9）宮崎亮「公立小でもオンライン，まず朝の会から　先生はスマホで」『朝日新聞』デジタル版 2020 年 4 月 26 日，2020 年 5 月 1 日閲覧＜ https://digital.asahi.com/articles/ASN4V6368N4GUTIL04M.html ＞

10）四宮淳平「全公立小中校で導入，オンライン授業の舞台裏　熊本市教育長に聞く」西日本新聞デジタル版 2020 年 5 月 18 日，2020 年 5 月 20 日確閲覧＜ https://www.nishinippon.co.jp/item/n/609279/ ＞

11）子どもたちの生活の場である学童保育でも，同様の訴えがあった。大阪のある自治体では，4 月からオンライン授業が配信され，学童保育で子どもたちが授業を

受けた。学校以上に三密になりやすく，子どもが遊び，休むための場所である学
童で授業を受ける・受けさせることは，子どもにも指導員にも大きな負担を強い
ることになった。

12）佐藤秀夫（1988）『ノートや鉛筆が学校を変えた』平凡社，p.11.

13）長期休暇中の宿題については，2018 年 8 年 29 日に文科省とメルカリ，ヤフー，
楽天が「宿題代行」（子どもたちに代わって宿題を行う役務を提供することや，
読書感想文や自由研究といった宿題の完成品を売買すること）の禁止で合意文書
を交わしている。

14）杉原里美，西村悠輔「家庭の『学校化』，親ら悲鳴 『多すぎる』宿題みる負担が
母親に偏り」朝日新聞デジタル版，2020 年 5 月 27 日，2020 年 5 月 30 日閲覧＜
https://digital.asahi.com/articles/DA3S14491782.html?iref=pc_ss_date ＞

15）学年団の教師をできるだけ変えないようにした学校もあった。

16）窪島務（2019）『発達障害の教育学──「安心と自尊心」にもとづく学習障害理
解と教育指導』文理閣，p594.

17）服部敬子（2000）「5，6 歳」心理科学研究会編『育ちあう乳幼児心理学』有斐閣，
pp.183-205.

18）藤原辰史（2018）『給食の歴史』岩波書店，p.Ⅴ.

19）金光敏（2019）『大阪ミナミの子どもたち──歓楽街で暮らす親と子を支える夜
間教室の日々──』彩流社，特に pp.13-15.

# 4　なぜ理由もなく学校に行けないのか
### —教室に身を置くことの意味から考える—

法政大学　遠藤　野ゆり

## ❶　はじめに　学校という場の豊かな意味とは何か

　2020年3月，突然，学校に行けなくなった。

　私たちの生活は，どれほど学校というシステムを前提として成り立っているか。学校に行けないことで，失われるものは何なのか。得られるものは，何なのか。授業とは何か。学校とは何か。

　コロナ禍は，私たちの社会のありよう，人間のありよう，教育のありようを，多面的に問うことになった。

　筆者の周囲の子どもたちを見ていると，当初は予定より早い春休みに喜んでいたものの，休校が長引くにつれ，勉強や進路の不安などが少しずつ増大していき，次第に終わりのみえない休みに飽くようになっていったようだった。オンライン授業へと切り替わり，家に居ながら同級生たちとインターネットでつながれるようになっても，「そういうことじゃなくて，学校に行きたいんだよ」と肩を落とす小学生にも出会った。

　これまで学校に行けない子どもたちの問題は，不登校を中心に議論されてきた。不登校に関する膨大な議論の中には，一部の子どもたちにとっては学校自体が無意味だとする指摘も少なくない。実際，欧米では不登校の子どもに対し，オンライン授業やホームティーチングで対応する仕組みが整っている。しかし，コロナ禍を前に私たちが感じるのは，やはり多くの子どもたちにとって，学校に行くことには，勉強することや友だちと交流するといったこと以上の何か豊かな意味をもっている，ということである。

　そこで本稿では改めて，学校に行くことの豊かな意味を考察し，そこから逆

照射することで，不登校の本質を考えてみたい。

## ❷　不登校をめぐる状況

### （1）不登校の増加と多様化

　議論の端緒を開くにあたって，不登校の状況を概観したい。

　不登校児童生徒の数は，今日もなお増加傾向にある。2019年8月現在，中学生の不登校（文部科学省で定義されている年間30日以上の欠席がある生徒）の割合は3.6％（小学生0.7％，高校生1.6％）であり，前年度の小学生0.5％，中学生3.2％，高校生1.5％をいずれも上回っている。しかも90日以上の長期欠席率も増加しており，不登校は長期化する傾向にある。さらには，「不登校グレーゾーン」「隠れ不登校」などと表現される，文部科学省の定義外の不登校の様態も注目されている。日本財団（2018）は調査によって，「1週間以上連続など一定程度学校に行っていない」「教室外登校」「部分登校」「基本的には教室で過ごし〔略〕ているが，心の中では学校に通いたくない・学校が辛い・嫌だと感じている」（〔　〕内引用者，以下同様）といった「不登校傾向にある子ども」が中学生では10.2％に及ぶことを明らかにしている[1]。

　こうした中で，不登校の要因が多様化していることもしばしば指摘される。例えば東京家学ではNPO法人教育研究所監修の下，不登校の要因を「母子分離不安型」「情緒混乱型」「混合型」「無気力型」「人間関係型」「ストレスによる神経症を伴う型」「発達障害・学習障害を伴う型」の7つに分類している[2]。

### （2）理由のわからない不登校

　不登校の要因を分類するのは，適切な対応策をとるために効果的である。実際，不登校支援のあり方も子どもの状況に応じて多様化し，きめ細やかになっている。その成果があってか，不登校経験者の予後の社会適応は，改善傾向にある[3]。

　また，何らかの要因をあげておくことで，周囲の理解を得やすい側面もある。筆者が2020年4月に大学生158名（うち95％は入学直後の1年生）にウェブで

アンケートを取ったところ，「いじめなどつらいことがある場合学校は無理に行かなくてもよい」という考えを肯定する（賛成，わりと賛成）者は73.9％であったが，「特に理由がなくても学校に行きたくない場合学校は無理に行かなくてもよい」という考えに賛成（同上）の者は15.2％にとどまった。不登校は分類できるような理由があれば是認できるが，はっきりとした理由がなければ学校に行くべきだ，という若者の素朴な認識が読み取れる。

　しかしながら，先に触れた日本財団の調査によると，学校に行きたくない理由を「自分でもよくわからない」と答えている不登校の生徒は44.0％にも及ぶ。また，登校しているが学校が辛い，嫌だと感じている生徒は，「疲れる」（48.7％），「朝，起きられない」（32.2％）といった身体症状や，「学校に行く意味がわからない」（31.9％），「学校は居心地が悪い」（28.4％）といった理由のわからない違和感を訴えている。つまり，何らかの要因に分類される不登校（傾向）の子どもたちであっても，その内のかなりの割合が，当人にもその理由がわからない状況にあるといえる。

### (3) 教室空間に身を置くことの違和感

　ここで，個別のケースをとりあげてみたい。不登校にはならなかったが，学校への苦手意識が強かったという乾さん（仮名，男性，当時二十代・小学校勤務）[4]。彼は，小学校入学以来，学校が理由もなく怖く，同級生に迎えに来てもらって泣きながら登校する「切ない新入生」で，「休み時間は，下駄箱に降りて，外をこうなんか，倉皇とした目で眺めて」いたという。

　二十代になった今だからこそ当時の違和感を言語化できるようになった，と乾さんはいう。と同時に，当時の違和感は「二十代になった今でも，わかる，よくわかる」とも語っている。この曖昧で確かな違和感の正体は何なのだろうか。乾さんは，教室で味わう違和感を，次のように語っている。「前の方〔の席〕になってくるとなにが嫌かって言うと，やっぱ目線と関係あるのかもしれないけど，後ろにたくさん人がいるわけじゃないですか。これがすごく落ち着かないわけですよ。〔略〕やっぱり背中が落ち着かないですよね。〔略〕粟立つというか…」。

　乾さんだけではない。不登校研究者の貴戸（2012）も，自身の不登校経験から，大人になってみれば「ちっぽけで，ばかばかしいくらい平和な建てもの〔＝小学校の校舎〕が，怖くて怖くてしかたなかった」（p.20）と語っている。つまり，教師や同級生との関係などにかかわりなく，学校という場そのものに恐怖や違和感を抱く子どもたちがいるのである。なぜか。

　この問いを考えるために有効な視点が，教室空間に身を置くことで体感する「場の雰囲気」であろう。不登校の子どもは，そのきっかけや背景，様態がどれほど多様であろうとも，教室という場の雰囲気から身を退去させているという点で共通している。他方，授業や友だちとの交流がオンラインで可能になっても「そういうことじゃないんだ」と嘆くような，学校に適応的な子どもの多くは，オンラインでは不可能な，教室空間に身を置くことで体感する場の雰囲気を求めているようにみえる。すなわち，学校での場の雰囲気は多くの子どもにとっては豊かな意味を持つが，一部の子どもにとっては耐え難いものともなるのである。

　次にその理由を，フリースクール等と学校空間との比較からみえる，それぞれの場に特有な雰囲気に即して，考えてみたい。

## ❸　教室の雰囲気

### （1）フリースクール的な場の雰囲気と身体のゆるみ

　筆者は，フリースクールや通信制高校のサポート校，定時制高校などで，ボランティアとして子どもたちと関わってきた経験がある。通信制高校や定時制高校は，文部科学省が設置を認可する「学校」ではあるが，多くの生徒に不登校を始めとする学校不適応歴があり，これらの場には共通して，そうした子どもへの配慮が細やかに潜んでいる。

　これらの場に身を置くとまず感じるのが，一般的な学校の教室における雰囲気との違いであり，またそれに触発される，自分自身の身体的なこわばりのなさ，ゆるみの感覚である。

例えばあるフリースクール。子どもの1人はソファに寝ころび，1人は隅っこでマンガを読む。キーボードを演奏する子どももいれば，それに合わせて，ギターを弾きだすスタッフもいる。通信制高校や定時制高校も，学校ではあるが，これとよく似た，弛緩した雰囲気がある。

とはいえ，これらの場にも，集団生活に伴うルールはそれなりにあり，ときには共同作業が求められることもある。子どもたちは必ずしも好き勝手，気ままに過ごしているわけではない。また，ボランティアという役割の曖昧な立場にある筆者は，いつでもどのようにでも動けるように，それなりの張りをもってその場で過ごしている。つまり，その場の雰囲気や筆者の身体のこわばらなさは，彼らが単にそれぞれバラバラの行動をとっていたり，緊張感なくだらけていたりする，ということに由来するものではない。にもかかわらず，こうした場には，身体の緩みの感覚として捉えられる，やわらかな雰囲気がある。

## （2）学校という場の雰囲気と身体の緊張

他方，学校はどうだろう。フリースクールと比較してみると，学校という場の特徴は，一体的な雰囲気が張り詰めているということであろう。

例えば，授業中の廊下は，その場に身を置きがたいほどしんと静まり返っている。窓から教室を覗くと，教師が生徒に向かって饒舌に語っていたり，黒板に多くの文字を書き連ねていたり，生徒が一心不乱にテストを解いていたりと，活動は様々だが，生徒と教師はそれぞれの教室にて，同じ雰囲気の中で一体的に活動している。部外者がそこに入ることは，その一体感を無粋に壊すことになり，知らず知らずのうちに，廊下を歩く足も，ドアを開ける手も背中もこわばる。グループワークをやっている活発な教室では，子どもたちはしばしば大声になり，教室内を自由に動き回るが，子どもたちの雰囲気が一つにまとまっている点や，それゆえやはり部外者が入りこみにくいという点では同じだ。

中田（1993）によれば，教室の一体的な雰囲気は，皆が同じ行動をとっているからでも，教師や目立つ生徒が大きな影響力を及ぼしているからでもなく，多数の子どもたちが「相互隣在的に作用を及ぼし合っている」がゆえに生じる，という（p.145）。雰囲気は，その場の音や光や動きなどを通して捉えられる。

しかし，教室内の一体的な雰囲気は，子どもたちの「誰の身体にも位置づけられることのない」，それゆえ子どもたち一人一人にとっては「自らその発生源でありながらも，もはや己一人によっては自由に処理することのできない一つの雰囲気」である（同書 p.147）。同じ一つの雰囲気に属す子どもたちを共同体と捉えれば，音や動きを伴う「個々の子どもの身体活動」は，「子ども共同体の同じ一つの身体活動」となっている（同所）。子どもたちは教室内において，どこから醸し出されるともわからない一体的な雰囲気の中で，他の子どもたちと共に，身体活動を遂行しているのである。

　したがって，その共同体に属さない者にとって，自らの身体活動は，共同体内で調和のとれた一体的な活動から際立ち，入りこみがたい緊張感が生み出される。それだけではない。その場に適応しているときには慣れ親しんでいるがゆえに自覚されなくなっているが，他者と互いに一体となって作用を及ぼし合う中では，自分の身体活動を他者のそれに寄り添わせたり，自分一人では生み出されなかったテンポの中で活動を遂行したりするといった活動が生じることになる。こうした認識されることのない活動は，心身に作用し緊張感を生み出す。その緊張感は，その中に溶け込んでいる者にとっては，生き生きとした張りや活気になる。みんなで勉強すると一人ではなしえなかった集中力をもって学習に臨むことができるのも，こうした作用によるのだろう。他方，部外者にとっては，なじまないリズムからはじき出されるといった形で，拒絶を伴う緊張感として体験されるのである。

## （3）学校の居心地の悪さと身体能力

　では，部外者ではない子どもたちの中に，この一体感の中に溶けこめない者が出てくるのはなぜだろうか。もっといえば，「はっきり理由がないのに行きたくないから学校を休むというのは怠けだ」と素朴に若者たちが訴えるように，そうした子どもたちは，周りに合わせる努力を十分にしていないということなのだろうか。あるいは近年指摘されるように，発達障害など，周りに合わせられないという特性を，そうした子どもたちが持つがゆえなのだろうか。この点を，すべての子どもたちがそれぞれに備えている身体機能という観点から考え

てみたい。

　中田（1993）によれば，「同じような〔略〕身体能力5）を備えた人間では，同じような風景は，同じような気分として感知される」（p.139）。つまり，身体能力が異なれば，同じ風景は同じような気分としては感知されないことになる。

　ここで中田がいう身体能力とは，運動神経とかいったことではない。私たちの身体は，物を見るときに，無意識のうちにその周囲や背景をも捉えている。だからこそ，別の物を見ようと視線を動かすときも，捉えそこなうことなく，「あたかもその方に私の目が引き寄せられるような仕方で，私の各部位が調整される」（同書 p.135）。それは，私たちが自分の身体をもってその対象物と同じ空間におり，その空間の中で物を感知できるように，身体そのものが細やかな調整をしているからである6）。この調整機能のことを，ここでは身体能力と呼ぶ。

　経験的にも明らかなように，不安なとき，私たちの視野は狭くなる。また，発達障害の要因ともなる認知特性の中には，本人の気分とは関係なく，そうした視野の狭さが指摘されるケースが多々ある。それは，ある対象物を捉えているときに同時に働いている，周囲の背景としての物体や空間を捉えるための調整能力が十分にほどよく機能していない，ということである。すると，私たちは，そのときの気分・状態や生まれつきの認知特性などに応じて身体能力が異なるのであり，そのために，同じ風景も同じ気分としては感知されないことになる。

　不登校（傾向）の子どもたちの中にはたしかに，神経症的な傾向があったり，発達障害（傾向）があったりする子どももいる。ある中学生は，クラス内でいじめが起きた際に，自分は加害者でも被害者でもなかったにもかかわらず，そのショックで学校に通えなくなってしまったという。しかし，こうした過度に繊細な感性は身体能力に起因するものであり，したがって，「がんばれば学校に行ける」というものではないことが，以上の考察からは明らかになる。

　これは，先に語りを引用した乾さんにもあてはまる。乾さんはどのような空

間にいても，自分が背後の壁からどのぐらいの距離にいるのかを，視覚的に感知しているという。こうした極端な身体能力ゆえ，自分の視野の最も端か，あるいは背後にさえ退いているはずの他者の視線もまた，敏感に感じ取る。すると，他の多くの子どもたちの感知しない雰囲気を感じ取り，また同時に，周りの子どもたちが一体的に生きている雰囲気と自分の感知する雰囲気との違いを感知し，学校への慢性的な不安感やなじめなさをぬぐえなくなるのだ，と考えられる。

　しかも，中田（1993）によれば，こうしたことは，「認識対象となることもなければ，自我の自由裁量に委ねられているわけでも」（p.175）ない。したがって，不登校の理由がわからないのは，その理由が軽いものだからでも，甘えだからでもなく，むしろ，そもそも本人には認識したりコントロールしたりすることができないような根深い身体のメカニズムによるのだ，といえる。それだけではない。自分の緊張感や不安感とその理由とを概念的に捉えることができないために，彼らは自分の状況を整理し理解するという形で対処することができず，より一層深刻なダメージを被り続けることになる，とも考えられる。

## ❹　妥当性の雰囲気と適応

　フリースクールのような場では，同じリズムの中で共に寄り添い合うという学校的な一体感の醸成が意図的に抑えられている。そのために，子どもたちも理由はわからないけれどフリースクールなら行ける，ということがある。しかしそうなると，どの子どもも勉強ができる環境さえあれば学校に通う必要はないように思える。例えば，コロナ禍で早急に進んだように，授業がオンライン化されれば，登下校の手間がなくなるだけでなく，わからないところを繰り返し学ぶなど，個々の子どもの学力に応じた学習が可能になる。人間関係を学ぶための場としてならば，その目的に特化した場を用意する方が，機能的であろう。けれども，冒頭で述べたように，学校に適応している子どもたちの多くは，友だちと一緒に教室で授業を受けたいと感じ，その豊かな意味を享受している

のである。

　そこで次に，学校という場で雰囲気がどう作用するのかを，授業風景から探ってみたい。

## （1）教室内の妥当性の雰囲気

　まず，授業中の子どもの活動に着目してみたい。例えば，授業において子どもたちは，1，2，と順番に数を数えるとき，深く考えなくても次に「3」ということができる。つまり中田（1993）が指摘するように，「一連の能動的判断が途中で阻止されることなく連続的になされている間は，すでになされた判断は引き続いている判断に妥当性を与えている」（p.174）。その妥当性を保証するものを，中田の依拠する現象学では，「妥当性の雰囲気」と呼ぶ。

　各判断の妥当性を保証する妥当性の雰囲気は，例えば数学の授業において，方程式の計算でも作用しているし，文学作品を読んで登場人物の気持ちを考える際に「文学作品の中で登場人物たちは（現実の人間と同様に）感じたり考えたりしている」という暗黙の理解としても作用している。また，作品世界から身を離し，登場人物の気持ちを考えるという学習行為に自然に入れることも，授業における妥当性の雰囲気によって支えられている。

　このように授業は，妥当性の雰囲気なくしては成立しえないものである。妥当性の雰囲気は，ある判断に先だつ判断が，例えば「わかった」という実感や，「すらすら解ける」といった気分として私自身を触発することによって，創り出される。そしてこの妥当性の雰囲気は，一人でいるよりも集団でいることによって，さらに強化される。

　学級集団の中で「そのつどの事柄に妥当性を付与している妥当性の雰囲気を子ども共同体の妥当性の雰囲気としているのは，子どもたちが相互隣在的に存在しているという事態，すなわち子ども共同体の相互隣在であること」（中田1993, p.180）だ，と中田はいう。先に述べたように，教室の一体的な雰囲気は，誰からともなく互いに作用を及ぼし合う子どもたちから醸し出される。つまり，「この判断は妥当だ」という雰囲気もまた，子どもたちが相互に作用し合うことによって醸し出される。「このような仕方で醸し出されているクラスの雰囲

気は，同時に，授業でそのつど問題となっている事柄に妥当性を付与している子ども共同体の妥当性の雰囲気ともなっている」（同書 p.181）。

　つまり，学校における様々な活動は，それらがいわゆる軍隊的なとか，画一的な，といった様相を呈していなくても，妥当性の雰囲気という形で，私たちの諸判断に深く影響することになる。集団の一体的な雰囲気に支えられていないと，子どもたちは，授業における理解があやふやで自信のないものになってしまう。実際のところ学校で学習する事柄は，例えばなぜ負の数をかけると正負の符号が逆になるのかは，そのメカニズムをきちんと説明することは極めて難しい，哲学的な問題である。しかし子どもたちは，妥当性の雰囲気の中で，言語化できないながらにも，感覚的にこの計算をわかっていくのである。

　このように考えると，子どもたちは，授業だけでなく友人たちと共に過ごす時間を持つことで，物事を安心して判断したり，考えたりすることができるようになっている，と考えられる。時には，間違った答えを言ったり，恥ずかしい思いをしたりすることがある。そうだとしても，子どもたちにとって，子ども共同体の一体的雰囲気の中でしか，これはたしかに妥当なものだと安心しながら学ぶことのできないことがあるのだ。逆にいえば，一体的な雰囲気に溶けこむことのできない子どもたちは，こうした安心感がそこなわれたまま教室で過ごし続けなくてはならない，ということでもある。

## （2）妥当性の雰囲気の多層性

　しかしながら，現実の教室空間は，単なる一体的な妥当性の雰囲気のもとにあるのではない。実際の教室の雰囲気は多層的で，しかもそのことが，一部の子どものなじめがたさを増大させる，と考えられる。

　まず確認したいのは，妥当性の雰囲気は，教室内における自分の立場の理解をも支えているということだ。例えば教師と生徒という関係上，教師が指名し生徒が答えるという，日常的な対話ではみられない役割分担に疑問を抱かないのもその一つである。しかし，とりわけ思春期の子どもたちにとって重要なのは，スクールカーストという言葉で指摘されるような人間関係の中で，自分が学級内においていつ発言することが適切かを瞬時に感知することだろう。こう

した目に見えない了解も，集団的な妥当性の雰囲気によって保証されている。つまり子どもたちは，子ども共同体内において，自分の立場を多層的な妥当性の雰囲気に即して捉えており，それに基づいてあらゆる判断を行っていると考えられる。

　妥当性の雰囲気が多層化するのは，子ども共同体が，教室の内外の様々な次元で築かれていることによる。子どもたちは，教師に対置される「私たち」として子ども集団を無意識のうちに捉える。しかしその「私たち」の中にも，「親しい仲間の私たち」という次元の集団もあれば，「〇〇学校の生徒である私たち」というような次元の集団もある[7]。そして，それぞれの「私たち」に応じた妥当性の雰囲気があるのだ。

　具体的に教室の場面を考えてみたい。授業の風景には，教師の指示に従わず，授業中に寝ていたり，私語をしていたりと，一見するとルールに従っていない生徒がいることも珍しくない。しかしこうした子どもたちが必ずしもその場の雰囲気を乱しているとは限らず，むしろそのような異なった振る舞いまでもが，共同的な雰囲気を醸し出すことがある。それは，その教室内において教師も他の同級生たちも，授業を真剣に受けるという全体的な雰囲気の中にありつつも同時に，部分的にそのような不適切なふるまいをも妥当なものとみなすような妥当性の雰囲気を生きてもいるからである。

　このような矛盾する雰囲気は，教室空間のここかしこにちりばめられている。ある共同体（真面目なグループ）においては，教師の指示に従い真剣に議論する妥当性の雰囲気がつくられ，ある共同体（にぎやかなグループ）においては，それをバカバカしいと失笑する妥当性の雰囲気が醸し出され，矛盾するそれらの雰囲気は同じ空間内に同居している。さらには，それらの共同体同士の関係も，教室内の妥当性の雰囲気の中でそれぞれに了解されている。子どもたちは，教師，親しい仲間，親しくない同級生といった人々と，多層的な妥当性の雰囲気のもとで器用に立ち回らなくてはならない。

　すると，学校に適応するとは，多層にはたらく複雑な妥当性の雰囲気に支えられて様々な矛盾する判断を連続的になすことに，ストレスを覚えないという

ことだともいえる。他方，学校に適応しにくい子どもたちは，ただでさえ身体能力が異なるゆえに周りの雰囲気になじめないのに，さらに矛盾や欺瞞をはらんだこのハードな行程を繰り返す中で，疲れたり，朝起きられなかったり，学校に行く意味がわからなくなったりするのだろう。そして，自分が幾重にも疲れる理由がわからないまま，「理由がないなら学校に来られるはず」という批判にさらされ，学校という場にいることそのものに耐えられなくなっていくのではないだろうか。

## ❺　おわりに　学校という場の豊かな意味と不登校

　子どもたちが学校に身を置くこと，すなわち子ども共同体の一員として同じ一つの雰囲気を生きることは，同じリズムの中に身を置き，他者の身体活動を寄り添わせることを意味する。このことによって，自分一人では達成できなかった課題を達成できたり，他者とつながる心地よさを覚えたりすることができる。それだけでなく，自分のなす様々な判断の妥当性を保証してくれる妥当性の雰囲気が，共同体の中で強化されることによって，子どもたちは，安心して物事を判断することができる。しかも，多層的な妥当性の雰囲気の中で，おのれを多様なありようへと少しずつずらし分散させることで，自己と向き合うストレスからも適度に逃れ，多様な環境の中で自己形成をしていくことにつながる。家庭の中で子どもという役割だけを担うよりも，教室空間に出向き，友だちとして，生徒として，おのれのありようを適度に分散させることで，子どもたちは，自分の存在と折り合いをつけていっているのかもしれない。おそらくこうしたことが，オンライン授業やインターネットでの友だちとのつながりでは得られることのない，学校に行くこと，その場に身を置くことの豊かな意味であろう。

　しかし，これらが豊かな意味をもちうるのは，同一の雰囲気を味わう身体能力や，そのつど異なる妥当性の雰囲気の中をスムーズに泳ぎ切る器用さがあってのことである。それだけの身体能力を，様々な要因ゆえに備えていない子ど

もたちにとっては，むしろこれらの豊かな意味がそのまま，ネガティブな形で
作用しかねない。教室内のリズムに自分の身体を合わせなくてはならないとい
う慢性的な緊張感，自分の考えの妥当性を誰にも保証されない不安感，多層な
妥当性を読み間違えないように緊張を強いられる途方もない徒労感，そんな自
分から逃げられない息苦しさ，そして，それらをすべて包みこむ，「明確な理
由がないなら学校に来るべきだ」という社会的な妥当性の雰囲気。不登校（傾
向）の子どもが抱く違和感は，このように多層的に追い打ちをかけてくる，社
会全体の雰囲気に集約されるのだろう。

　最後に，こうした社会的な妥当性の雰囲気を生み出している，誰というわけ
でもない一人としての大人である私たちが，不登校（傾向）の子どもたちから
教わることを記しておきたい。それは，私たちもまたいつなんどき理由のない
違和感を抱える側に回らないとも限らない，ということである。今回のコロナ
禍により，学校を含めた社会そのものの妥当性の雰囲気が突然がらりと変わる
可能性もあることが，明らかとなった。学校や会社に行くことは当たり前の正
しいことではなくなり，他者の指示に従ったり集団の中で器用に立ち回ること
よりも，自分の力で考え学び，人と違うことができることの方が，妥当な意味
をもつようになっていくかもしれない。そのとき，今はマジョリティに属して
いる「理由がないなら学校に来るべきだ」と主張する若者たちや，若者たちに
そう感じさせてきた大人たちのどれだけが，新しい妥当性の雰囲気を生き抜け
るのだろうか。学校という場の雰囲気の問題は，私たちにそのような新たな問
いを突き付けているようにみえるのである。

注
1)　日本財団（2018）「不登校傾向にある子どもの実態調査 調査結果概要」（https://
　　www.nippon-foundation.or.jp/app/uploads/2019/01/new_inf_201811212_01.pdf）2020
　　年 8 月 23 日確認。
2)　NPO 法人教育研究所監修の分類方法（https://tokyo-yagaku.jp/futoukou/type/）2020
　　年 8 月 23 日確認。また，文部科学省は，「無気力」「あそび・非行」「人間関係」「複
　　合」「その他」の 5 つに分類している（文部科学省 2012『「不登校に関する実態調

査」平成 18 年度不登校生徒に関する追跡調査報告書』）。
3）　1993 年の不登校経験者よりも 2006 年の不登校経験者の方が，高校進学率の増加（65.3 ％→ 85.1 ％），大学・短大への就学割合の上昇（8.5 ％→ 22.6 ％），高校中退率の低下（37.9 ％→ 14.0 ％），就学も就業もしていない割合の減少（22.8 ％→ 18.1 ％）が見られる（文部科学省「平成 5 年度不登校生徒に関する追跡調査報告書」及び同平成 18 年度報告書）。
4）　乾さんのこのインタビューは，「人から見られることの身体の際立ちの意味」という観点から，分析結果を公表済みである（日本人間性心理学会第 34 回大会，発表者遠藤野ゆり・大塚類）。なお，本段落および次段落の「　」内の言葉は，乾さんの語りの引用である。
5）　ここで中田は，現象学の創始者であるフッサールの考えに基づき「キネステーゼ的身体」という表現を用いるが，この言葉の意味を正確に記述するには紙幅が足りないため，ここでは表現自体を割愛する。
6）　このことは，双眼鏡などで遠くの何かを見るときに，対象物を捉えるのに時間がかかることと比較するとよくわかる。双眼鏡を通して視野に入ってくる景色は，私の身体がそこにあるところの空間と切り離されているため，私たちの身体は，風景の現われと自分の身体とを調和させるのが難しいのである。
7）　この点については，遠藤野ゆり・中田基昭（2008）に詳しい。

**参考文献**
・ 遠藤野ゆり・中田基昭（2008）「学級集団における友人関係についての現象学的考察—他者経験の重層性の観点から—」『教育方法学研究』第 33 巻，pp.181-192.
・ 貴戸理恵・常野雄次郎（2012）『不登校，選んだわけじゃないんだぜ！』イースト・プレス．
・ 森田洋司（1997）『「不登校」現象の社会学』学文社．
・ 中田基昭（1993）『授業の現象学—子どもたちから豊かに学ぶ』東京大学出版会．

# 5　ポスト資質・能力から 公教育としての学校を問う

広島大学　**吉田　成章**

　「一斉休校によって顕在化した，学校教育の土台にある重大な機能とは，すなわち，子どもが大人（教職員）に見守られているということである」（内田 2020, p.16）。

　資質・能力ベースの教育は，以上のような子どもが生きていくことを保障する公教育としての学校の教育機能を補強するものであろうか，それともその機能を脅かし，子どもたちの学習と生活の保障を学校から奪うものであろうか。

　本稿では，2017・2018年に改訂した，学習指導要領等の中核に据えられた「資質・能力」をどのように捉えたらよいのかを整理し，「資質・能力ベースの教育」への批判的対峙のあり方として3つの視角を提示する。その上で，子どもが学習し生活する場としての学校を公教育として機能させるためのポスト資質・能力の学校教育のあり方を検討する。

## ❶　学習指導要領等における「資質・能力」をどう読むか

### （1）コンピテンシーと資質・能力との関係

　「コンピテンシー（資質・能力）ベースの教育（competency-based education）」は，ここ四半世紀の世界的な教育改革動向の特徴の一つであり，TIMSS・PISAといった国際学力調査の結果を直接・間接に動因としている。とりわけ「PISAショック」という用語の発信源となったドイツでは，教育課程の基準への「コンピテンシー」概念の導入が2003年以降に急速に進み，コンピテンシーベースの教育スタンダード・教師教育スタンダード，コンピテンシーテストの導入によるコンピテンシー志向の授業づくりが，国家レベル・地方レベル・

学校レベルでいち早く進められてきた（高橋 2019, p.1 以下参照）。

　コンピテンシー（資質・能力）志向は，コンテンツ（内容）志向との対比において，その特質が議論されてきたという性質がある。すなわち，「コンピテンシーに基づく教育のコンピテンシーとは，現代資本主義経済（知識経済）で働く労働者として求められる一般的能力のこと」（中野 2015, p.17）であり，学校卒業後に必要となってくる就業能力の育成と，知識・内容の教授に偏重した学校教育の課題とがセットで議論されてきた。

　2000 年以降，「コンピテンシーベースの教育」におけるコンピテンシー概念の基調をなしたのは，PISA 調査を主導する経済協力開発機構（OECD）の定義であった。そこでは，「ある特定の文脈における複雑な要求に対し，心理社会的な前提条件【＝知識，認知的スキル，実践的スキル，態度，感情，価値観・倫理，動機づけなどの内的リソース】の結集を通じてうまく対応する能力」（ライチェン・サルガニク 2006）を育成することが一つの枠組として捉えられた。

　このような世界の潮流に対して，中央教育審議会答申（2008）は，「『生きる力』は，（中略―注：引用者），この主要能力（キーコンピテンシー）という考え方を先取りしていたと言ってもよい」（pp.9-10）と述べ，この答申は「生きる力」の育成を軸とした 2017・2018 年学習指導要領改訂における「育成すべき資質・能力」導入の露を払ってみせた。また，この時点では，教育基本法および学校教育法の「改正」手続き，および全国学力・学習状況調査の導入，道徳の教科化という新自由主義の教育政策による規定路線がすでに敷かれていた。

## （2）学力と資質・能力との関係

　日本における学力の定義については，「基礎的な知識及び技能」「思考力・判断力・表現力その他の能力」「主体的に学習に取り組む態度」といういわゆる「学力の構成要素」が，学校教育法第 30 条第 2 項において法文化された。また中央教育審議会答申（2016）において，「資質・能力の三つの柱」として，①何を理解しているか，何ができるか（生きて働く「知識・技能」の習得）②理解していること・できることをどう使うか（未知の状況にも対応できる「思考力・判断力・表現力等」の育成）③どのように社会・世界と関わり，よりよい人生

を送るか（学びを人生や社会に生かそうとする「学びに向かう力・人間性等」
の涵養）の3つが示された（pp.28-31）。これは，先に述べた「学力の構成要素」
と整合性がとられた形となっている。

　今日の教育改革が，旧来の「学力」向上政策と決定的に違うのは，「学力」（≒
知識）を向上させることではなく，「資質・能力」を育成させることに重点が
置かれている点である。

　「資質」と「能力」について本田（2020）は，「新しい教育基本法では，『能力』
をも凌駕して，『資質』≒『態度』がはっきりと前面に押し出されるようにな
っている」（p.166）と述べ，態度重視の「資質」育成を「ハイパー強化」とし
て論難している。また，松下（2016）は，「『能力』も多義的かつ広狭さまざま
に使われる概念である。まず，能力は知識（内容）と対で使われることがある。
（中略）次に，『資質・能力』のように，資質と対で使われることがある（中略），
さらに資質も含み込んで使われることもある」（p.26）とし，資質・能力の「入
れ子構造」を理解した上で，学びの「深さ」の重要性を指摘している。つまり，
「資質・能力」ベースの教育では，何を「資質・能力」として捉えるのかが重
要となってくるのである。

　他方で，「資質・能力」ベースの教育改革後も，今までの「学力」向上政策
と変わらない点は，3つの「学力の構成要素」と「資質・能力の三つの柱」を
整合させ，入試改革や学力テスト等によって，それを「評価」「測定」しよう
としている点である。「資質・能力」を「評価」するべきではないという意味
ではないが，ドイツのようにスタンダード化されたテストの実施によってコン
ピテンシーを測定しようとするのであれば，それは「学力」を「資質・能力」
と言い換えただけの単なる器のすげ替えに過ぎない。

### （3）教育課程編成と資質・能力との関係

　2017・2018年版学習指導要領において，「資質・能力」の育成は次のように
求められることとなった。

　　どのような資質・能力の育成を目指すのかを明確にしながら，教育活動の
　　充実を図るものとする。その際，児童の発達の段階や特性等を踏まえつつ，

次に掲げることが偏りなく実現できるようにするものとする。(1) 知識及び技能が習得されるようにすること。(2) 思考力，判断力，表現力等を育成すること。(3) 学びに向かう力，人間性等を涵養すること

（文部科学省 2017, p.4）

ここで重要な点は，中央教育審議会答申の「資質・能力の三つの柱」は「偏りなく実現できるようにするもの」とされ，「どのような資質・能力の育成を目指すのかを明確に」する教育課程編成主体としての学校の役割が明確にされたことである。

　教育内容の面からみれば，2017・2018年学習指導要領改訂では，教育内容と授業時間数の削減がなされず，むしろ記述が増えた。そのため学校教員の負担が増すことが危惧され，「規制が強化された印象は否めない」（安彦 2017, p.17）ともいえる。

　ドイツ国内で相対的にPISA調査結果がよいとされるザクセン州は，コンピテンシー志向への急速な方針転換という危機感は漂わせずに，州の学習指導要領（Lehrplan）を2019年に改訂し，教師向けの「コンピテンシー志向の授業づくり」に関する冊子を作成し，配布している。同冊子の執筆と教員への研修，そして学習指導要領の改訂作業に携わったザクセン州学校教育省のMartina Adler氏は，2019年11月21日の筆者によるインタビューにて，ザクセン州の学習指導要領作成のポイントについて次の点を強調した。

①「政治」「メディア」「持続可能な発達のための教育：ESD」という新たな学習テーマ・領域を学習指導要領に盛り込んだ

②新たに上記3つの記述を増やす分，教育内容の削減について学校の教師たちと徹底的に議論し，実施した

③コンピテンシー志向そのものは2004年以降ザクセン州では強調されてきているため，むしろ現時点では自然科学分野の強みを活かした。また，外国語や子どもの多様性に対応する柔軟な学校システムを構築することと，その教員研修の充実を図った

上記を日本の現状に当てはめて考えてみると，①は「現代的な諸課題に対応し

て求められる資質・能力」として，我が国の学習指導要領にも追記された点である。③の教員研修は，官制研修および民間教育研究団体等の取組を含めて日本では相対的に充実しているといえる。しかし，②は日本では実施されてきていない。教師たちとの議論の中で，削るべき教育内容・授業時数を明確にした上で，各学校でどのような子どもたちを育てていくのかを教育課程編成の中心に据えることが日本でも求められるであろう。

　これまでの論点をまとめたものが，**表1**である。以下では，「資質・能力ベースの教育」が求められる背景を前提に，その批判的対峙の視角を検討したい。

**表1　資質・能力とコンピテンシー・学力・教育課程編成との関係**

| | コンピテンシー | 学力 | 教育課程編成 |
|---|---|---|---|
| **資質・能力**<br>・知識・技能<br>・思考力・判断力・表現力等<br>・学びに向かう力・人間性等 | 労働のために求められる能力<br>「生きる力」は OECD「キー・コンピテンシー」の先取り | ニアリーイコールで整合<br>・基礎的な知識及び技能<br>・思考力・判断力・表現力その他の能力<br>・主体的に学習に取り組む態度 | 「三つの柱」を偏りなく実現した上で，どのような資質・能力を目指すのかを明確にするのは各学校 |

## ❷　「資質・能力ベースの教育」批判の3つの視角

### （1）第一の視角：「人間の教育」の希求──人格の完成と社会に開かれた教育課程──

　資質・能力ベースの教育が推し進められる背景の一つには，新自由主義の政策影響という問題が見え隠れする。本田（2020）の，「『能力』の水準がどうであれ，まずはふるまいや心構えとしての『資質』≒『態度』において，政府の要請に従え，というメッセージが，新教育基本法の通奏低音なのである」（p.167）という指摘は，教育基本法第2条に教育の「目標」が明文化されたことへの批判とも通底している。すなわち，教育の目標を法律で規定してよいの

かという批判と，その目標項目に「我が国と郷土を愛する」というナショナリズムへとつながる記述を盛り込んでいることに対する批判である。「『コンピテンシー』は現実の社会に対応する，あるいは適応する能力の面が強く」（安彦 2014, p.200），もし学校教育が政府や経済界にとって都合の良い人間を育成するための手段に利用されていても，そのことを批判的に認識できず，盲目的に受け入れてしまうと，「資質・能力ベースの教育」は教え子を戦場へ送る教育へと堕す危険性すらある。

　またポピュリズムによって象徴される大衆迎合の動向は，「資質・能力ベースの教育」により明確に批判的に対峙する必要性をつきつけている。例えば「我々は人民だ（Wir sind das Volk!）」は東西ドイツの再統一に向けたデモのスローガンの一つであったが，「"我々だけ"が人民だ（NUR WIR sind das Volk!）」という新たなポピュリズムのスローガンが生まれ，民主主義社会の構築を蝕んでいることが指摘される（vgl., Vereinigung der Bayerischen Wirtshcaft 2020, S.13f.）。グローバル化が社会的成熟へと向かっているドイツのような国において，こうした傾向は顕著である。安彦（2014）の「人間に『自由』が確保されてこそ，『主体である人格』として生きることが出来るのであり，『コンピテンシー』という能力・学力面はそのために用いられる」（p.200）という指摘に即せば，主体的な人格が尊重される国家においては，自国第一主義のもとで社会的な「排除」を推し進めるスタンスにたつ「自由」も保障されねばならない，というジレンマが生じるためであろう。

　人間が人間になる教育，人間を人間にする教育＝Bildungへの回帰が生じているドイツにおいて，Dörpinghaus（2015）は，フンボルトの陶冶概念に立ち戻りながら，経験を介して自己と世界との関係を批判的に捉える「概念的な能力」を提起し，コンピテンシー志向については，自己と世界における経験を乖離させかねないものとして批判的に捉えた。この指摘は，ナショナリズムやポピュリズムといった世界における経験を自己と関係づける経験によって，自己の経験を自由に方向づける人間の教育が可能になることを主張している。すなわち，資質・能力にせよ「ポスト・コロナ」にせよ，「公教育とは何か」ある

いは「学校とは何か」といった世界の動向を自己の経験へと引きつけることで，人間は人間になるという主張である。それは，公教育としての学校を世界が求める労働力育成の場へと堕すことは意味しない。

　以上をまとめると，「労働力としての客体的な人材の育成ではなく，人間の教育としての学校教育」を社会に開くことが，「資質・能力ベースの教育」への第一の批判的視角である。

## (2) 第二の視角：「知識」・「教科性」の探究：思考・判断・表現する文脈＝学習する「場」

　コンピテンシーに関するOECDの定義は，知識・スキル・態度・価値観を組み合わせた上で，思考力・判断力・表現力をコンピテンシーとしてみなすものである（松下 2019, p.21）。そこでは，知っていることをどのように活用し，生かし，生活場面とつなげて思考・判断・表現するのかといった，「知識」や「教科性」のあり方が問われる。これが，「資質・能力ベースの教育」への第二の批判的視角である。

　「新しい学力として提唱されているコンピテンシーやコンピテンスは包括する用語であり，教育の方針を示し，進むべき方向を考察するには有用な概念である。しかし，教科の教育内容や教材を考えるには具体性に欠けている」（大野 2015, p.44）。この指摘は，資質・能力は教育の方針とはなるが，具体的な教科内容や教材づくりには直結しないことを意味している。その上で，ここでは「資質・能力ベースの教育」は教育の内容・方法を縛るものとして機能してしまうという危惧が鋭く提示されるのである（同上）。

　　予測し得ない事態が生じたときに，対応できるのは，学問に支えられた理論的知識を学んだ学生である。変化する職場において，知識を活用できるのも，特定の文脈で要求されるコンピテンシー，すでにわかっているスキルに長けた学生よりも，広く深く理論的知識を学んだ学生である。
　　（中野 2015, p.22）

ここでいう理論的知識を学ぶ場では，「教科的なもの（das Fachliche）はきれいさっぱりと姿を消すことになり，教科的なものはただ単に，読むことや書くこ

とといったユニヴァーサルなコンピテンシー（Universal-kompetenz）を練習するための素材（Material）として供されるのみとなってしまう」（Gruschka 2011, S.139）ことになるため，それへの批判として，「教科の世界に没入していく学び」（石井 2020, p.49）も提唱されてきた。

　実践的にいえば，「資質・能力ベースの教育」において，知識を問う教科の学習の文脈をどう相対化するか，が問われている。2010年度の全国学力・学習状況調査算数B問題⑤（2）には，次のような問題が出された（**図1**）。

**図1　2010 年度全国学力状況調査算数 B 問題**

（出典：国立教育政策研究所（2010）「平成 22 年度小学校算数 B 問題」，p.14
https://www.nier.go.jp/10chousa/10mondai_shou_sansuu_b.pdf，2020 年 8 月 3 日最終確認）

　**図2**はこれを引き合いに2012年1月27日（金）第4校時に熊本県の公立小学校5年2組で福田恒臣氏が実践した算数授業での学習課題である。

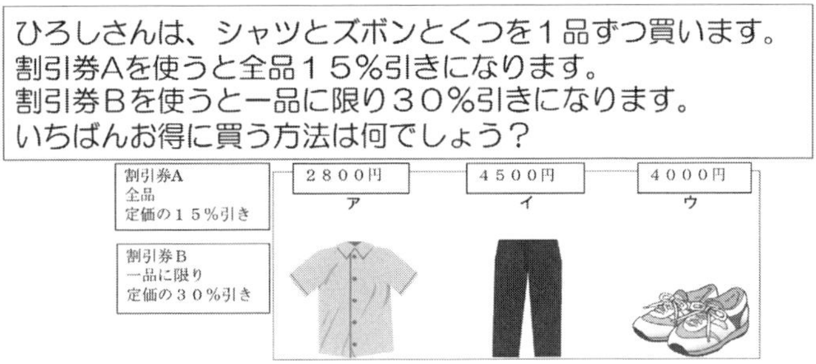

**図2　5年2組で提示された学習課題**

　類似した課題のようにみえるが，学力調査と福田の実践では大きく次の2点で異なっている。

　1つ目は，全国学力調査では「値引きされる金額がいちばん大きくなるわけ」の説明に思考・判断・表現が求められているのに対して，教室の学習課題では「いちばんお得に買う方法」という生活文脈に思考・判断・表現を広げている点である。福田の実践では，1回目の買い物で割引券Bを使ってズボンを購入し，2回目の買い物で割引券Aを使いシャツとくつを購入する買い方が最もお得な方法となる。福田の実践では，問題や課題で設定されている「文脈」をどう越えていくかを問うことができる。

　2つ目は，福田の実践では，なにが「学習課題」となるのかが子どもに委ねられているという点である。この授業では，教科書にある前時の復習課題「15,000円のデジタルカメラが10%引きで売られています。代金はいくらでしょう？」から授業が開始された。この課題に対して，ある生徒が「僕は『引き』と書いてあるので，引き算かなと思って，-10にして，□＝15000-10=14990なので，14990円だと思います」と自分の考えを表現した。その後，この教室では「なぜ0.9をかけるのか」を吟味し，わからないことをごまかさない，学習する集団の希求へと実践は推移していった（福田・吉田2018, pp.90-92）。

　この実践からは，学習する集団という文脈＝「場」において，子どもたちと共に知識や教科性を再定位することで，「資質・能力ベースの教育」に批判的

に対峙する可能性が示唆される。

## （3）第三の視角：「子ども」の現在化：子どもファーストによる評価の改革

　「資質・能力」は「主体的・対話的で深い学び」とも連動して，その実践的意義が強調されてきている。「何を教えるのか」だけではなく，「どのように学ぶのか」が2017・2018年学習指導要領改訂の骨子だからである。しかしながら，「教育の方法，すなわち子どもにとっての学習方法は，子どもがそれを絶対視せず相対化していく方向で考えられなければならない」（田上 2016, p.21）ことはすでに指摘されてきた。そのため子どもが教師の指導を相対化する契機として，「子どもからの『要求』を学習に向けての『要求』として育てること」と「学級全体で取り組むこと」（深澤 2020, p.10）が重視されてきた。

　2014年度から4年間の「教育課程研究指定校事業」（国立教育政策研究所）に取り組んだ広島県立庄原格致高等学校の例をとりあげよう。2015年10月22日，体育館では，3年3組の男子体育のフットサルの授業が行われた。当時の研究主任であった小澤圭介氏がまず重視したのが，体育の授業および体育教師との連携であった。2020年7月16日の筆者によるインタビューの中で小澤氏は，「人ができないことを馬鹿にすることの，何がおもしろいんだ」と徹底的に追求する体育教師たちとの協働の重要性を語り，この体育教師たちのスタンスを軸に，学校カリキュラムを動かしていく方針を明確にしたと語った。わかる／できる者（資質・能力があるとされる子どもや，大人・教師）と，「『わからない／できない』ことの積み重ねによって自らの尊厳が踏みにじられていく者へと分断され続けていく」（福田 2017, p.113）ことは，学校を安心と安全の場にせず，不安と排除の場としてしまう。資質・能力ベースの教育が，子どもたちが安心していられる場として学校を現在化させるためには，「わからない／できない」によって，分断されないよう，資質・能力の評価が連動して実践構想に盛り込まれる必要がある。このフットサルの授業指導にあたった体育教師は，子どもたちの要求からルーブリックの評価表を改訂する実践，すなわち「できる／できない」を越えて関わり合い，互いに認め合う学習集団を構築する実践を行った（吉田・松尾・佐藤 2016, p.140）。

　ともすれば，「現代の労働能力として必要だとされる一般的コンピテンシーの獲得は，個々の子どもが抱えている問題を解決する切実なリアリティーを持った学習課題としっかり結合されているとは言いがたい」（佐貫 2020, pp.257-258）のである。問われていることは，子どもたち一人一人が抱えている切実でリアルな問題とはなにかを明確にすることである。社会が要請する資質・能力であるのか，「学力」であるのか，安心して学べる空間であるのか。そのような自己の経験を世界と関係づける認識（「関係認識」）がいかに子どもたちの中に育っていきつつあるのかを，教育者は評価していくことが求められる。したがって，「資質・能力ベースの教育」に対する第三の批判的視角は，目標に照らして「○○ができない」といったマイナス面で子どもを捉えるのではなく，子どもが学習と集団に何を課題として要求しているのかをみてとる「子ども」とともにある集団としての評価実践である。

## ❸　ポスト資質・能力の学校教育の展望と課題
### ──応答とつながりを軸とした「関係認識」の教育へ──

　図3は2018・2019年度のザクセン州で実施されたコンピテンシーテストの数学の課題である。「立方体になるには穴（Loch）があることを指摘する」という評価規準に従って「1点」か「0点」かで採点される。

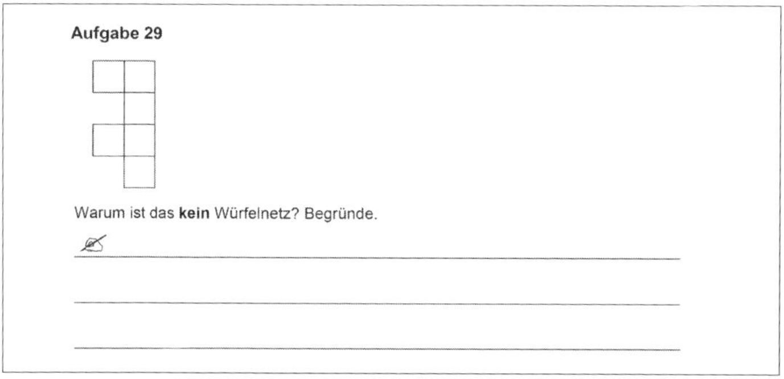

**Aufgabe 29**

Warum ist das **kein** Würfelnetz? Begründe.

図3　課題29「なぜこれが立方体の展開図ではないのか？説明せよ」

　2019年4月30日のテスト実施場面をザクセン州ライプツィヒの公立小学校3年a組にて参観した筆者の目にとまったのは，ある生徒の「磁石がないから」という回答であった。「誤答」であることは明白だが，展開図を「接着する」何かがなければならないという思考は論理的である。

　テスト実施後に，同クラスの数学授業を担当しているK副校長とこの回答について話をした。たしかに評価規準に則せば「誤答」となるが，子どもの回答としてはもっともだというやりとりをした。その後，子どもに返却されたテスト結果に添えられた教師の赤ペンが，**図4**である。「正答」のために欠けている点（「穴」への着目）への指摘に加えて，「確かに，粘着テープがなければくっつけることができないけれど…。」という一文が書き添えられている。

**図4　ある生徒の回答と教師の赤ペン**

　ここからは，教師も子どもも「多様性」（磁石か，粘着テープか，何が「答え」となるか）を生きており，テスト場面であっても目の前の課題や事象が突きつけられる理由やその解釈を自分たちの生活の文脈からとらえ直していく視点が示されている。

　「『休校措置』におかれなくてはならない理由や自分たちの暮らしの視点からの学習が，子どもたちに保障されなくてはならない」（深津 2020, P.11）のは，ドイツでも日本でも同様である。「コロナ・ショック」は，われわれ教育者に子どもと「共に」コロナに取り組む重要性を提起した。

　川﨑（2020 pp.64-65）の実践例では，学校での授業再開後，時間の確保が重視される教科授業に対して，子どもたちの暮らしと生活を中心に据えた特別活動の時間の充実を重視し，日々の手洗いやうがい，学校行事の中で子どもと「共に」コロナを学ぶべき対象に据えた実践を続けている。

　ある高校では，学校休業によって入学後，顔合わせすらままならなかった1年生が，コロナ対応に取り組む大学の状況をレポートにまとめ，受験を控える3年生に渡した。そしてそれに対する3年生から1年生へのコメントという「応答」によって学校としての「つながり」が組織された。このような，子どもたち同士が「共に」コロナに取り組もうとする姿に教師は励まされ（今中 2020, pp.100-101），学校からの訴えによって車内の「密」を回避するための電車の増便実現が地域と保護者と学校を励ました（中国新聞 2020）。

　この1～3年生のつながりを遠隔の「総合的な探究の時間」によって組織した広島県立日彰館高等学校は，学校独自の「資質・能力」の設定と子どもたちとの相互フィードバックを校内研修の軸に据えた実践に取り組んでいる。2018年度に各学年の思いと管理職の思いを重ね合わせ，「知識と他者の考えを求める主体性」「多様な意見を受けとめ自らを関わらせる力」「ヒト・モノ・コトの背景に触れ吉舎で学ぶ意味につなげる志向性」の3つを資質・能力として設定した。授業では，教育内容・テーマに合わせてルーブリックの評価指標を組み直し，ワークシートとして子どもたちに提示している。研究授業では，子どもたち一人一人へのフィードバックを教師たちが書き留め，事後検討会では誰に・誰が・いつ・どのようにフィードバックのコメントを返却するのかを検討している。

　同校で重視しているのは「各個人がどれほど高くコンピテンスを身に付けたかに焦点を当てるよりは，現状の学校教育のありようを見直す契機としての役割に焦点」（本所 2015, p.36）を当てた校内研究である。校内で設定した「資質・能力」を子どもたちがどれだけ身に付けているのか，授業の中でその獲得に到達したのかどうかに焦点を当てているのではなく，この「資質・能力」の枠組でこそみえてくる子どもたちの姿と，同校の教育の現状と課題およびこの枠組

からはみえてこない子どもたちの学習生活と同校の教育の可能性に焦点を当てているのである。

　同校において「資質・能力」そのものを設定し直す契機は2つ設定されている。1つは，教科・領域の研究授業と校内研修の実施による検証である。もう1つは，同校の位置する吉舎地域にある1中学校・2小学校・2保育園との「保小中高一貫」による「吉舎の教育」の模索による検証である。例えば，小学校の算数の授業，中学校の道徳の授業では，「資質・能力」はどのように構想することができるのかという共同討議を行い，吉舎地域におけるポスト資質・能力の教育を模索している（広島県立日彰館高等学校 2020）。

　ポスト資質・能力とポストコロナからみた公教育としての学校は，資質・能力そのものを，「学校」そのものを，子どもと共に問うことを要請する。その先には，資質・能力そのものへの批判や，以前の教育への後戻りの憧憬，公教育としての学校の解体議論が待っているのではなく，公教育としての学校における「関係認識」こそが教育されていることが認識されるだろう。

　例えば，9月入学問題では，9月入学それ自体のみを議論することはできず，卒業時期や社会との関係，今優先するべき事項との関係のもとでしか入学時期は検討できない。同様に，資質・能力およびコンピテンシーそのものの是非のみを議論し，コロナへの対応そのもののみを議論するのではなく，問うことで問われるわれわれの関係そのものをどう認識するか（「関係認識」）が問われるのである。多様な生き方への「応答」と「つながり」を軸とする「いま，ここ」の場として学校に実現させる「関係認識」の教育が，ポスト資質・能力＝ポストコロナの公教育に問われている。

**参考文献**

・ Dörpinghaus, A.（2015）: Theorie der Bildung. Versuch einer „unzu-reichenden" Grundlegung. In: *Zeitschrift für Pädagogik.* 61（4），S. 464-480.
・ Gruschka, A.（2011）: *Verstehen lehren: Ein Plädoyer für guten Unterricht.* Stuttgart: Reclam.
・ Vereinigung der Bayerischen Wirtshcaft e. V.（Hrsg.）（2020）: *Bildung zu demokratischer*

*Kompetenz. Gutachten.* Münster: Waxmann.
・安彦忠彦（2014）『「コンピテンシー・ベース」を超える授業づくり 人格形成を見すえた能力育成をめざして』図書文化.
・安彦忠彦（2017）「学習指導要領の原理的考察と今次改訂の特質」日本教育方法学会編『教育方法 46 学習指導要領の改訂に関する教育方法学的検討 ―「資質・能力」と「教科の本質」をめぐって―』図書文化，pp.10-22.
・石井英真（2020）『授業づくりの深め方 ―「よい授業」をデザインするための 5 つのツボ―』ミネルヴァ書房.
・今中浩二（2020）「生徒と生徒・学年と学年をつなぐ『田舎主義』」広島大学教育ヴィジョン研究センター 草原和博・吉田成章編著『ポスト・コロナの学校教育 ―教育者の応答と未来デザイン―』渓水社，pp.100-101.
・内田良（2020）「学校は安全か？」東洋館出版社編『ポスト・コロナショックの学校で教師が考えておきたいこと』東洋館出版社，pp.14-19.
・大野栄三（2015）「グローバル化は教育方法に何をもたらすのか」日本教育方法学会編『教育方法 44 教育のグローバル化と道徳の「特別の教科」化』図書文化，pp.38-50.
・川﨑菜央（2020）「子どもと共にコロナウイルスにどう向き合うか」広島大学教育ヴィジョン研究センター 草原和博・吉田成章編著『ポスト・コロナの学校教育 ―教育者の応答と未来デザイン―』渓水社，pp.64-65.
・国立教育政策研究所（2010）「平成 22 年度小学校算数 B 問題」（https://www.nier.go.jp/10chosa/10mondai_shou_sansuu_b.pdf，2020 年 8 月 3 日最終確認）
・佐貫浩（2020）『「知識基盤社会」論批判：学力・教育の未来像』花伝社.
・高橋英児（2019）「PISA 後のドイツにおける学力向上政策と教育方法改革」久田敏彦監修，ドイツ教授学研究会編『PISA 後のドイツにおける学力向上政策と教育方法改革』八千代出版，pp.1-44.
・田上哲（2016）「教育方法学的立脚点からみたアクティブ・ラーニング」日本教育方法学会編『教育方法 45 アクティブ・ラーニングの教育方法学的検討』図書文化，pp.10-23.
・中央教育審議会（2008）「幼稚園，小学校，中学校，高等学校及び特別支援学校の学習指導要領等の改善について（答申）」
・中央教育審議会（2016）「幼稚園，小学校，中学校，高等学校及び特別支援学校の学習指導要領等の改善及び必要な方策等について（答申）」
・中国新聞（2020）「福塩線，生徒向け「3 密回避」便 三次―吉舎，臨時列車で時差登校（2020.6.1）」（https://www.chugoku-np.co.jp/local/news/article.php?comment_id=648429&comment_sub_id=0&category_id=112 2020 年 8 月 3 日最終確認）
・中野和光（2015）「グローバル化の中の教育方法学」日本教育方法学会編『教育方法 44 教育のグローバル化と道徳の「特別の教科」化』図書文化，pp.12-24.

- 広島県立日彰館高等学校編（2020）『研究紀要』第 17 号.
- 深澤広明（2020）「『学びに向かう』態度の評価と学習集団の課題」深澤広明・吉田成章編『学習集団研究の現在 Vol.3 学習集団づくりが育てる「学びに向かう力」：授業づくりと学級づくりの一体的改革』溪水社，pp.1-12.
- 福田敦志（2017）「授業のスタンダード化と教育実践の課題」日本教育方法学会編『教育方法 46 学習指導要領の改訂に関する教育方法学的検討 ―「資質・能力」と「教科の本質」をめぐって―』図書文化，pp.112-125.
- 福田恒臣・吉田成章（2018）「個と集団にドラマを引き起こす教育的タクト：算数科授業から」深澤広明・吉田成章編『学習集団研究の現在 Vol.2 学習集団づくりが描く「学びの地図」』溪水社，pp.86-101.
- 本所恵（2015）「国際的なコンピテンシー志向は学校教育に何をもたらしうるか―EU の経験より―」日本教育方法学会編『教育方法 44 教育のグローバル化と道徳の「特別の教科」化』図書文化，pp.25-37.
- 本田由紀（2020）『教育は何を評価してきたのか』岩波書店.
- 松下佳代（2016）「資質・能力の形成とアクティブ・ラーニング」日本教育方法学会編『教育方法 45 アクティブ・ラーニングの教育方法学的検討』図書文化，pp.24-37.
- 松下佳代（2019）「資質・能力とアクティブ・ラーニングを捉え直す――なぜ，「深さ」をもとめるのか」グループ・ディダクティカ編『深い学びを紡ぎ出す―教科と子どもの視点から―』勁草書房，pp.3-25.
- 文部科学省（2017）『小学校学習指導要領』
- 吉田成章・松尾奈美・佐藤雄一郎（2016）「『論理的思考力及び表現力の育成』に向けたカリキュラム改革の意義と課題―『評価』のあり方に着目して―」広島県立庄原格致高等学校編『研究紀要』，pp.136-155.
- D.S. ライチェン・L.H. サルガニク編著（2006）『キー・コンピテンシー』明石書店.

# II

## これからの学校を考える

# 1　小規模校から学校を考える

宮崎大学　**竹内　元**

　文部科学省によると，平成11年から平成30年までの間で，小学校に在籍する児童は967,212名減少し，公立小学校は4,237校が統廃合により減少した。子どもの数が減少するなかで「小規模校」（小学校・中学校で学級数が11クラス以下）が増加し，学校の小規模化が進んでいる。

　本稿では，宮崎県における学校の小規模化の実態をふまえ，考察を行う。学校間連携による授業研究の推進や小規模校での授業づくりから学び合う取組を通して，学校が小規模化するなかで教師の学びをどのように保障していくのかが問われている点を指摘する。さらに，地域の人々や教師が，地域の課題を子どもたちと共に学び合うことで，地域そのものを見つめ直すことになった事例を通して，学校の可能性を指摘する。

## ❶　宮崎県における学校の小規模化 1)

### （1）宮崎県の子どもの数と学校数の減少

　宮崎県の児童生徒数と学校数は，公立の小学校・中学校とも減少傾向である。小学校児童数は1959（昭和34）年に，中学校生徒数は1962（昭和37）年にピークを迎えた後，急激に減少した。その後，昭和50年から60年にかけて増加に転じるものの，昭和60年以降減少し続けている。学校数は小学校・中学校とも，昭和30年代をピークに減少し，昭和60年代半ばでいったん落ち着きを見せるが，平成10年代後半より再び減少している。（**図1**）

　宮崎県の児童生徒数と学校数は，20年前の1999（平成11）年度と比較すると，2019（令和元）年度の小学校（本校）の児童数は76％，中学校の生徒数は59

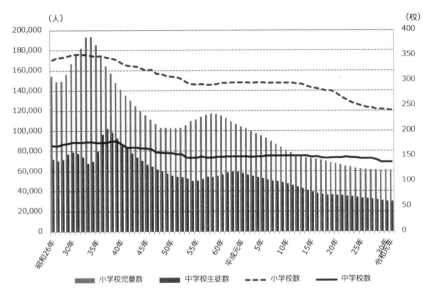

**図1 宮崎県の児童・生徒数および小学校・中学校数の推移**
＊学校基本調査各年度データより作成。学校数には分校を含む。
　中等教育学校は含めていない。

％に減っている。学校数に着目すると，小学校（本校）数は77％，中学校数は73％に減っている。学校数の減少以上に，児童生徒数の減少が大きく，全県的にみると学校規模が小さくなっている傾向がある。

## （2）宮崎県における分校の閉校

　学校の一部を本校の所在地以外の所に分設した「分校」が宮崎県にも設置されている。宮崎県では分校を閉校してきた。小学校の分校数の20年間の推移を**表1**に示した。

　2020（令和2）年度現在，開設されている小学校の分校は，西都市立都於郡小学校山田分校と都農町立都農東小学校内野々分校と日向市立東郷学園若竹分校の3校のみである。

　西都市立都於郡小学校山田分校は，2019（令和元）年度で児童数が2年生2名，3年生1名，4年生5名，特別支援学級2名の10名であり，3年生と4年生が複

表1　小学校（分校）の学校数・児童数の推移

|  | 学校数 | 児童数 |
|---|---|---|
| 1999 年 | 13 | 152 |
| 2009 年 | 7 | 93 |
| 2019 年 | 4 | 18 |

＊学校基本調査と宮崎県教職員録より作成。2019 年度の学校数には
閉校中である日向市美々津小学校田の原分校も含まれている。

式学級となっているため，計3学級である。この学校の児童は，5年生より本校である西都市立都於郡小学校に通学する。

　都農町立都農東小学校内野々分校は，2019（令和元）年度で児童数が1年生3名，2年生1名，3年生4名であり，1年生と2年生が複式学級となっており，計2学級である。この学校の児童も，5年生より本校である都農町立都農東小学校に通学する。

　日向市立東郷学園若竹分校は，自閉症・情緒障がい特別支援学級のみが，小学部，中学部に設置されている。在籍している児童生徒は，宮崎県内の各地から居住を移して施設で生活し，校舎の1階と2階は，児童心理治療施設である，ひむかひこばえ学園の生活空間として活用されている。若竹分校は，ひむかひこばえ学園との緊密な連携のもとに，総合環境療法の一部として機能している学校である。

## （3）宮崎県における学校の統廃合と小中一貫校の開校

　宮崎県におけるここ10年の学校統廃合のなかには，広範囲な統廃合もみられる。例えば4校の小学校と1校の中学校を小中一貫校に統合した美郷町立美郷南学園（2011年開校）と延岡市立北方学園（2014年開校），6校の中学校を1校に統合した串間市立串間中学校（2017年開校）などである。しかし，宮崎県では小中一貫校に統合しても，なお小規模校であることに変わりないことも多い。直近5年間に統合がなされた11校の状況と統合後の学校規模を示すと，以下の表になる。（表2）

　宮崎県では，2006（平成18）年に全国初の施設一体型小中一貫校である日

表2　2015〜2019年度に統合した宮崎県の学校の学校規模（2019（令和元）年度）

| | 小学校6学級以下中学校3学級以下の学校数 | 小学校7学級以上12学級未満中学校4学級以上6学級未満の学校数 | 小学校13学級以上中学校7学級以上の学校数 |
|---|---|---|---|
| 学校数 | 4 | 3 | 4 |
| 割合 | 36% | 27% | 36% |
| | 64% | | |

＊宮崎県教職員録より作成。割合は，小数点以下を四捨五入しているため，合計が100%にならない場合がある。

向市立平岩小中学校が設置された。日向市立平岩小中学校は，日向市小中一貫教育特区として開設され，開設当時の児童生徒数は230名，学級数は12学級，うち3学級が特別支援学級であった。各学年1学級で，1学級あたりの児童生徒数は21名から29名の学級規模である。

　その後，宮崎県の小中一貫校は，ほぼ毎年のように新たな設置が続き，2019年現在，宮崎県内には施設一体型小中一貫校が19校存在する[2]。19校のうち，18学級（1学年2学級）以下の学校が18校であり，そのうちの15校が9学級（1学年1学級）以下である。つまり宮崎県における公立施設一体型の小中一貫校は，そのほとんどが単学級であり，小規模校であることがわかる。（表3）

## （4）学校の統廃合から学校の小規模化へ

　宮崎県には，現在26市町村あり，その内訳は9市・14町・5村である。2019（令和元）年度に，各市町村内すべての学校が小規模校（小学校で6学級以下，中学校で3学級以下）である市町村は，日之影町，五ヶ瀬町，西米良村，諸塚村，椎葉村の5町村である。そのうち，町村内のすべての学校がへき地指定を受けているのは，五ヶ瀬町，西米良村，諸塚村，椎葉村の4町村である。（表4）

　市町村内の学校が，中学校1校，小学校1校の市町村は，綾町，木城町，西米良村の3町村である。中学校1校，小学校が複数校ある市町村は，串間市，三股町，都農町，日之影町，五ヶ瀬町，諸塚村，椎葉村の7市町村である。中学校2校，小学校が複数校ある市町村は，高原町，高鍋町，川南町，門川町の

表3　宮崎県における公立施設一体型小中一貫校の学校規模（2019年度）

|  | 9学級以下 | 10学級以上 18学級以下 | 19学級以上 | 計 |
|---|---|---|---|---|
| 学校数 | 15 | 3 | 1 | 19 |
| 割合 | 79% | 16% | 5% | 100% |
|  | 95% | | | |

＊宮崎県教職員録より作成。割合は，小数点以下を四捨五入している。

4町である。門川町の門川町立西門川中学校は，2020年度より門川町立門川中学校に統合されており，門川町は，実質，中学校1校，小学校が複数校となる。

　中学校が1校のみの市町村は，門川町を含め全26市町村のうち11町村に及ぶ。宮崎県の町村でみると，全19町村のうち11町村となり，中学校1校体制が確立している町村が半数を超える。

　全国的にも，地方では町村内に小学校と中学校が1校ずつしかない町村も増えてきており，これ以上，子どもが減ったとしても学校統廃合を行うには厳しい状況にある地域も多いのではないかと思われる。しかも，人口の減少が原因で学校を統廃合しているが，その学校統廃合により地域の人口が減少して産業の衰退を生み，人口減の進行を一段と早めているのではないかとも指摘されている3)。もはや，学校を適正規模に近づけるために，地域の中でどのように学校を統廃合するかと考えるのではなく，学校が小規模化していくなかで，あらためて学校と地域の関係や学校の役割を考えていく必要がある。

図2　宮崎県の市町村内における小学校・中学校による区分

表4　町村ごとの学級数児童生徒数（2019年度）

| 町村名 | 学校名 | 学級数 | 児童生徒数 | そのほか |
|---|---|---|---|---|
| 西米良村 | 村所小学校 | 6（1） | 65（2） | へき地1級 |
| | 西米良中学校 | 3 | 19 | へき地1級 |
| 諸塚村 | 諸塚小学校 | 4（1） | 41（2） | へき地2級 |
| | 荒谷小学校 | 3 | 11 | へき地2級 |
| | 七ツ山小学校 | 3（1） | 12（1） | 2021年度に閉校予定 |
| | 諸塚中学校 | 3 | 36 | へき地2級 |
| 椎葉村 | 椎葉小学校 | 6（1） | 49（1） | へき地2級 |
| | 尾向小学校 | 3 | 27 | へき地3級 |
| | 不土野小学校 | 3 | 13 | へき地3級 |
| | 小崎小学校 | 3 | 7 | 2020年度から椎葉小学校に統合 |
| | 大河内小学校 | 3（1） | 10（1） | へき地4級 |
| | 松尾小学校 | 3 | 7 | へき地2級 |
| | 椎葉中学校 | 3（1） | 58（1） | へき地2級 |
| 日之影町 | 宮水小学校 | 6（1） | 70（1） | |
| | 八戸小学校 | 3 | 17 | 2020年度から宮水小学校に統合 |
| | 高巣野小学校 | 5（1） | 42（1） | 準へき地 |
| | 日之影小学校 | 3（1） | 31（1） | |
| | 日之影中学校 | 3 | 89 | へき地1級 |
| 五ヶ瀬町 | 鞍岡小学校 | 4（1） | 36（1） | へき地2級 |
| | 三ケ所小学校 | 6（1） | 65（1） | へき地1級 |
| | 坂本小学校 | 4 | 31 | へき地1級 |
| | 上組小学校 | 3 | 24 | へき地2級 |
| | 五ヶ瀬中学校 | 3（1） | 64（2） | へき地1級 |

## ❷　小規模校の授業実践における教師教育機能

### （1）学校間連携を通した授業研究の取組

　宮崎県五ケ瀬町には，町立小学校4校と町立中学校1校がある[4]。町立小学校の児童数は，2019（令和元）年度時点で，鞍岡小学校が37名，三ヶ所小学校66名，坂本小学校31名，上組小学校24名と小規模である。五ケ瀬町は，人口1人当たりでみた場合の学校設置率が高くなっており，小規模校ならではの日常的な少人数指導を生かしつつ，4校合わせて，158名の児童を35名の4校全ての教職員でみるという発想の転換を行っている[5]。

　学校間の連携を推進する五ケ瀬町の教育の特徴として挙げられるのが，G授業である。G授業の「G」は，五ケ瀬町の頭文字をとったもので，4つの小学校から同じ学年の子どもたちが集まり，引率してきた教員に管理職等も加わり，複数の教員で学習内容に応じて最適な学習集団を編成し授業を行うものである。G授業は，多人数の方が効果が見込まれると考えられる，音楽や体育，総合的な学習の時間などを対象にすることが多い。どこかの学年を多人数の学習集団にすれば，その学年の教師をほかの学年に回すことによって少人数の学習集団を成立させることができるというメリットもある。学年全体を複数のグループに分け，それぞれのグループに教員がついて指導することもできる。

　重要なのは，G授業による学校間連携が小規模校では同じ学年の教員が勤務校にはおらず，教員同士でさまざまな相談ができないといったデメリットにも対応している点である。また，G授業を通してほかの教員の指導のあり方を見ることで，教職員の指導力向上にも機能しており，五ケ瀬町ではG授業を軸に合同で研究授業が行われることもある[6]。

　さらに，学校の小規模化が進み，教科担当者が一人しか在籍しない中学校が増加し，小中連携や一貫教育が進められているなかで，学校を超えた地域での教科授業研究や，小中学校合同の授業研究を複数学校のリーダー層の連携のもと推進する力量が，教師として必要となってきている[7]。「教師の授業力を高めるための学校間連携―近隣の中学校や小学校との連携を通して―」という群

馬大学教職大学院の課題研究に取り組んだ佐藤が勤務する中学校は，いわゆる「5教科」も含め教科担当者が各1名であり，同一教科の教師同士での授業研究が校内では不可能であった。同様の学校が市内にほかに3校あることに注目した佐藤は，小規模校の同一教科（理科）の教師同士が協働した授業研究・教材づくりを課題研究の柱として設定した。学校の小規模化が進行する中，このような勤務校を超えての同僚性を組織した教育行政への働きかけが報告されている8)。

## （2）小規模校での授業づくりから学ぶ取組

　小規模校の授業には，教師の力量を形成する機能が埋め込まれている。少人数である授業のあり方を学び合うことが，これまで教師が培ってきた授業観・指導観を問い直すきっかけとなっている。

　都城市笛水小中学校は，2019（令和元）年度時点で，児童生徒数9名，小学校・中学校を合わせて3学級の小中一貫校である。筆者が参観した英語の授業では，「わかった！」「わかんない」「ああ，ああ」という子どもたちのつぶやきが口癖のように聞こえていたし，「これ一つずつですよね」と，示された教材の意味や学習方法を教師に確認する場面も見られ，子どもたちが自らの理解状況や関心を日常的に表明していることが伺えた。また，「あなたにとって重要なことは何ですか」と子どもたちに教師が尋ねたとき，一人の子どもは "Family" と即答したが，もう一人の子どもは考え込んでしまった。しかし，教師は「早く」と急かすこともなく，正解はあなたにしかないとでもいうように，自分の言葉で答えることを期待して5分以上も待った。言葉が生まれる時間と，何よりも子ども自身の存在が大切にされていたのである。また，This car is popular. という文とIt runs very fast.という文を関係代名詞でつなげようとしたとき，子どもたちは「この車はとても速く走ることで有名です」と混乱し，教師も子どもたちの理解のあり方に少し戸惑っていたかのように見えた。この時，教師は説明を再度試みようとするのではなくて，子どもと教材を何度か見比べた後，関係代名詞でつないだ英文を黒板に書き足して，その英文から再度子どもたちに考えさせていた。子どもの間違った発言をすぐに正そうとするのではなく，

教材に戻して子どもに考えさせていたのである。子どもたちがどのように考えているのか，どこでつまずいているのかを目の当たりにする時間をていねいに積み重ねることで，教材研究が，教材そのものの研究にとどまらず，子どもと教材の関係をとらえるものになっていくのである。

　都城市立笛水小中学校の理科の授業では，年度当初の4月にテーマ探しが行われる。その際，地元の自然や施設に目が向けられることが多く，水力発電所，かやぶき屋根の家，養鶏場，野尻湖といった地域の自然や施設が，それぞれ火力発電所と水力発電所の比較，かやぶき屋根の快適性の証明，ヒヨコの行動のコントロール，ミドリムシの走光性などへの着眼へとつながっている。この学校では1年を通して科学的な疑問の発掘や，探究的思考が促されている。そしてそれは，小学校と中学校で途切れることなく発展し，小学生が中学生の研究から学び，中学生は小学生にわかるような説明を試みるといった文化が生まれている[9]。

　他にも，諸塚村立荒谷小学校では，児童が学年に3人しかいない教室で「にっこりトーク」というペア学習が，毎回の授業で行われていた。教師はその様子をビデオに撮り，子どもたちと「にっこりトーク」をどのように改善するのかを話し合う時間を別に設けたり，研究授業の事後検討会でも教員同士で「にっこりトーク」に取り組んだりしていた。日常的に学習形態のあり方を考え続ける機会が，設定されていたのである。他にも，複式学級においてわたりをするときに，教室の真ん中に書かれた小さな円のなかで教師は，これからわたろうとする学年の学習状況を見取る時間を設け，子どもの学習状況を把握し，予定していた発問を修正することが毎時間のように行われていた。

　西都市立茶臼原小学校では，5人の児童との授業においてグループに分けたとき，毎回2名と3名に分けるという教師の囚われに気づき，1名と4名のグループに分けて，教師が子どもとペアを組む学習形態もあるのではないかという意見が，授業の事後検討会で指摘されたことがある。

　学校が小規模化するなかで，教師の学びをどのように保障するかが問われている。さらに，教師が一人一人の子どもたちと出会いながら，学校全体で協働

する組織体制を構築し，授業改善に取り組む教師たちの学びに工夫が求められてくるのではないだろうか。

## ❸ へき地・小規模校の教育とパラダイム転換

　へき地とは，大きな町から遠く離れた交通が不便な土地を意味する。さらに，へき地を漢字表記した際の「僻」の字は，偏った，本筋から外れているという意味があり，中央から遠いという立地的特徴のみならず，経済的発展から取り残された地域という意味を含んでいる。へき地・小規模校の教育をマイナスイメージからプラスイメージに変えていく，パラダイム転換の必要性が指摘されている[10]。ここでいうパラダイム転換とは，へき地教育にイメージされているデメリットをメリットに変えていくへき地教育のとらえ方の転換である。

　北海道教育大学釧路校では，学生に段階的にへき地教育への知見と実践力を高めていく4年間のへき地教育プログラムを展開している。その際，へき地教育に対する評価を多面的にとらえるグループワークを通して，自分が普通だと思っていたことを違う側面からとらえたり，自分が気づいていなかったことを指摘されたりすることで，自分が感じている"常識"自体が相対的なものであることを感じることができるという。さらに，教育実習科目の一つである「教育フィールド研究」科目では一週間に一度学校現場に赴き，子どもとのふれ合いなどを行う活動のなかに，へき地校体験実習が組み込まれていたり，主免教育実習後にへき地校体験実習が組まれ，市街地での教育フィールド研究や主免教育実習との比較を行い，へき地・小規模校の特性やメリットを学んだりしている。

　では，こうしたへき地教育のメリットはどこにあるのか。全国へき地教育研究連盟では，へき地教育の特質を次のようにとらえている。

・一つの学級が少人数のため，個に応じた指導の充実を図ることができる。
・地域的に豊かな自然環境に恵まれており，それを教材化したり，体験的な活動に生かすことができる。

・地域が学校に対して期待と関心をもち，協働的であり，学校と家庭・地域社会との緊密な連携を図ることができる。
・教職員の数が少ないため，共通理解が図りやすく，協力的な指導体制を組織することができる。

　へき地教育では，地域体験型の学習が盛んであり，地域の産業や自然を取り上げながら，当該地域のすばらしさを探す授業が定番となっている。学校では，こうした地域のよさを学び，子どもたちが地域に誇りをもつことを期待している。しかし，へき地教育に本当に必要なことは，地域のよさや美しさを子どもに語ることではなく，地域の直面する困難をこそどのように解決すべきかを，子どもを地域の一員として迎え入れながら一緒に悩むことではないかとも指摘されている[11]。さらに，カリキュラムマネジメントにある「教育課程の効果的な実現のための諸資源の活用」という側面では，地域の人々を教育目的達成のための「手段」としてとらえがちだが，地域の人々との出会いは一回きりの授業で終わらずに，子どもの現在と未来を考える「仲間」としての関係を新たに築いていく可能性を含んでいる点もすでに指摘されている[12]。地域の課題そのものを，子どもたちと共に学び合うことの重要性が指摘されるのは，へき地教育の問題が，もはや教育の問題としてではなく，地域の維持と再生の問題となっているからである。子どもからすれば，生活のなかに直面する課題に対峙することで，学びが自らの未来を切り開くことにつながるのだという確信を体験することになる。ここでは，教師だけでなく，子ども自身もへき地の価値を捉えなおす必要性が指摘されている。

　林業立村の村づくりを行っている地域にある，諸塚村立荒谷小学校では「中学校の立志式で子どもたちはパティシェになりたいとか，警察官になりたいとか，誰も林業のことを語らない」という地域からの意見を受けて，「ウッジョブ諸塚」という総合学習のカリキュラム開発に取り組んだ。荒谷小学校は，2019年度では，児童数11名が在籍する，3学級の学校である。「ウッジョブ諸塚」の授業では，子どもたちが，林業の魅力は何かを地域の人にインタビューしたり，植林体験をしたりしながら，自分が将来なりたい職業から地域の人と商品

開発に取り組んでいる。将来医者になりたいという子どもは，木のセラピー効果に着目し，将来どのような医院を開設するのか，木造建築の可能性を追究した。保育士になりたいという子どもは，木製の絵本を作成するため，木をどこまで薄く削ることができるかという挑戦を，地域の人々と行った。そのような取組のなかで，子どもたちだけではなく地域の人々も教師も，林業をどのように魅力ある職業にするかだけではなく，林業がどのように他業種とかかわることができるのかを考えるきっかけとなった。

　地域の課題を，子どもたちと共に地域の人々や教師が学び合うことで，地域を見つめ直すことができると同時に，そうした学校の可能性を教師も地域の人々も見つめ直すことができるのである。

## 注

1）本稿の一部は次の拙稿に加筆修正したものである。竹内元・小林博典・藤本将人・吉村功太郎・遠藤宏美（2021）「宮崎県における小規模校の学校づくりに関する基礎的研究」『宮崎大学教育学部紀要』第 95 号，pp.202-218.

2）日向市立大王谷学園は，宮崎県教職員録では，小学部と中等部が分離して記載され，2 校扱いとなっている。また，高千穂町立上野小中学校を小中一貫校とする考え方もある。住所も同じ，施設も隣接し，校長や養護教諭は兼務，職員室は小中共有であり，学校行事も合同で行ってもいるため，小中一貫校ととらえている教職員や保護者，地域住民も多い。実質上，小中一貫校といえなくもないが，宮崎県教職員録では別々に記載されており，2 校扱いとなっている。

3）濵田郁夫（2013）「地域のなかに子ども発見―高知県の学校統廃合と学校を守り育てる取り組み」教育科学研究会編『地域・労働・貧困と教育』かもがわ出版，pp.143-161.

4）五ヶ瀬町には，この他に宮崎県立五ヶ瀬中等教育学校がある。

5）五ヶ瀬町では，生涯教育も含めて地域との連携が構想されている。たとえば，地域づくり協力隊を教育委員会が雇用し，移動図書館と地域コミュニティの形成を融合させた図書館教育も実践されている。こうした点の検討は他日を期したい。

6）椎葉村でも，教職員が研修を受けに行く場合は，研修場所が遠距離であり，移動に時間を要するため，研究公開等の授業研究に参加することが難しいという課題が指摘されている。

7）田村知子（2019）「授業研究・校内研修推進のためのマネジメントサイクルとリーダーシップ」『授業研究のフロンティア』ミネルヴァ書房，p103.

8）山崎雄介（2019）「教育課程政策の中でのカリキュラム・マネジメント―政策的提起をくみかえる視点」『深い学びを紡ぎだす・教科と子どもの視点から』勁草書房，p206.

9）助川晃洋・赤崎真由美・坂元祐征・中山迅・竹内元（2014）「『地域とともにある学校づくり』と小中一貫教育の実践」『宮崎大学教育文化学部紀要・教育科学』第31号，pp.15-31.

10）川前あゆみ・玉井康之・二宮信一編著（2019）「豊かな心を育むへき地・小規模校教育－少子化時代の学校の可能性」学事出版 . 従来原則として，新規採用教員のへき地・小規模校への配置を避けてきた宮崎県でも，この原則を転換せざるを得ない状況が生じている。2019年度と2020年度には，新規に採用された小学校教員が各1名，へき地・小規模校に赴任している。また，大学卒業後，臨時的任用教員としてへき地・小規模校に勤務する可能性も高く，本学部には，へき地・小規模校での勤務を念頭に置いた新たな教員養成プログラムの検討が求められている。

11）廣田健（2019）「直面する困難を子どもとともに悩み，学ぶ――へき地教育の可能性」『教育』№ 881 2019年6月号，かもがわ出版，pp.45-52.

12）高橋英児（2018）「教育課程とカリキュラム・マネジメント」『ダイバーシティ時代の教育の原理―多様性と新たなるつながりの地平へ』学文社，pp. 79-94.

# 2　ICT の技術革新から学校を考える

北海道教育大学　**姫野　完治**

## ❶　はじめに

　私たちを取り巻く社会は，いま大きな変革期を迎えている。情報通信技術（ICT：Information and Communication Technology）が急速に発展するとともに，ロボット工学や人工知能（AI：artificial intelligence）等を活用したデジタル化，オートメーション化，ネットワーク化が進み，第四次産業革命が起こりつつある。

　身近なところでは，スマートフォンやタブレット，コンピュータといったITデバイスが普及し，TwitterやFacebook，Instagram等のSNS（Social Networking Service）を気軽に利用でき，いつでもどこでも誰でも発信者になることが可能になった。日常的に触れる情報量が増え，数年前には想像できないような新しいサービスが生み出されている。これまでICTと無縁だった分野においても先端技術が活用され始め，GPSや各種センサーによる遠隔測定，ロボット技術やIoT（Internet of Things）機器を取り入れたスマート農業やスマート漁業が登場し，注目を集めている。「スマート」を冠したスマートフォン，スマートウォッチ，スマートシティ，スマートコミュニティ，スマート家電といった用語が数多く出現しているように，今後の私たちのくらしを考える上で，ICTやロボット，AI等の活用が鍵になっている。

　このように社会が変化する中，2016年1月に閣議決定された「第5期科学技術基本計画」では，狩猟社会，農耕社会，工業社会，情報社会に続く次の時代の「目指すべき国の姿」を「Society5.0」と規定し，科学技術イノベーションを強力に進めていくことが提言された。そして，Society5.0時代の人材育成に

おいて，学校の果たす役割は大きく，文部科学大臣のもとに組織された「新たな時代を豊かに生きる力の育成に関する省内タスクフォース」（2018）は，Society5.0時代の学校は，学校の教室での一斉一律の授業スタイルから抜け出し，学習履歴や学習到達度等に応じた異年齢・異学年集団での協働学習や，地域の様々な教育資源や社会関係資本を活用して，いつでも，どこでも学ぶことが重要になると指摘している。このような国の方針を推進すべく，2019年度の補正予算2,318億円がGIGA（Global and Innovation Gateway for All）スクール構想として計上された。また，2023年度までに1人1台端末及び高速大容量の通信ネットワークを一体的に整備するとともに，クラウドの活用や利活用優良事例の普及等を進め，令和時代のスタンダードとして学校内のICT環境を整備することになった。

　一方，学校という空間に集まり，一斉形態で教師が授業を行う教育のあり方自体も変化しつつある。名門大学の授業を誰もが無料で視聴できるオンライン講座MOOC（Massive Open Online Course）が誕生し，日本版のJMOOCも拡大している。塾を始めとする教育に関わる企業が，インターネットを介して教材や講義ビデオを公開するなど，より多くの人が学ぶことを可能にするオープンエデュケーションの取組が進みつつある。少子化や学校の統廃合への対応として，2015年より全日制や定時制課程の高等学校において遠隔授業が可能になり，学校という空間に集まらないインターネットを介した教育の形が現実のものとなってきている。

　このようなICTを活用したオンライン教育は，2020年1月以降の新型コロナウイルス（COVID-19）感染拡大に伴い，一気に加速している。長期間にわたる休校措置を支援しようと，文部科学省や総務省，塾を始めとする教育関連企業が，無料で利用できるコンテンツを提供したことに伴い，学校という空間に集まらずに行う教育活動に注目が集まっている。情報化時代の授業のあり方のみならず，学校のあり方が真に問われ始めている。

　本稿では，学校におけるICT活用の現状を整理するとともに，Society5.0時代の教育のあり方や直面する課題について検討する。

## ❷ 学校における ICT 環境の現状と今後の見通し

### (1) 学校における ICT 活用の現状と課題

　わが国において，小中高等学校へコンピュータが本格的に整備され始めたのは，1985年度に学校教育設備整備費等補助金が交付されてからである。その後，**図1**のように様々な事業を通して整備されてきてはいるが，2019年3月時点では，コンピュータ1台を5.4人で使用している状況である。20年間で1台あたりを使用する人数は減ったとはいえ，先進諸外国と比べるとコンピュータ環境は遅れを取っているといわざるを得ない。

　また，学校内外での学習にコンピュータを使用する割合についても，諸外国と比べて低く，OECD（2016）によるICT利用に関する調査では，日本の子どもは，諸外国の子どもと比べて学校内外でICTを利用していないことが明確に表れている（**図2**）。国立教育政策研究所（2019）が，OECDが行った2018年PISA調査をもとにICT利用状況を分析した結果をみても，日本の生徒は「インターネットを見て楽しむ」という項目ではOECD平均以上だったが，「コンピュ

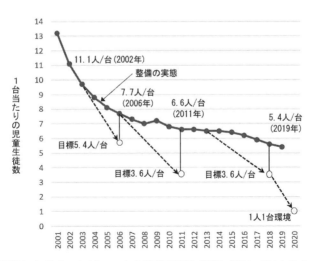

図1　学校におけるコンピュータの整備目標と実態（清水 2014 をもとに作成）

ータを使って宿題をする」「学校の勉強のために，インターネット上のサイトを見る」「関連資料を見つけるために，授業の後にインターネットを閲覧する」等の項目は，参加国中で最も低い割合であった。すなわち，日本の子どもたちは，娯楽のための道具としてICTと関わってはいるが，学びの道具として関わることがあまりないのが実情である。

　教育活動の直接的な担い手である教師のICT活用についても，現職教師を対象とした研修等によって着実に向上してはいるものの，授業中にICTを活用したり，児童生徒のICT活用を指導したりすることのできる教員の割合は，67.1％程度に留まっている（**図3**）。国立教育政策研究所が教職課程を有する大学を対象として行った調査（吉岡 2018）において，学生自身が講義の中でICTを使

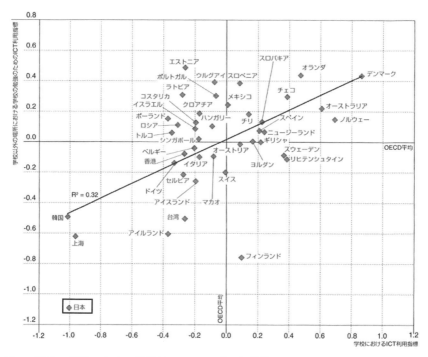

**図2　学校の勉強のための学校外でのICT利用と学校でのICT利用との間の関係（OECD 2016）**

用する機会が少なく（**表1**），不十分であると指摘されていることからも，教員養成・採用・研修全体として，教師がICTを活用するための力量形成の機会をさらに充実していくことが課題になっていると考えられる。

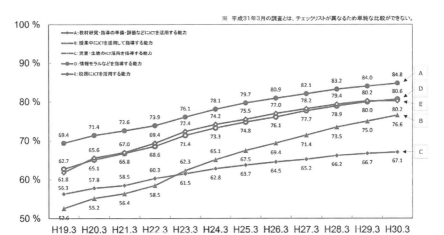

図3　教員の ICT 活用指導力の推移（文部科学省 2019a）

表1　教職課程の講義における ICT 機器等の使用状況（%・複数回答）
（吉岡 2018 をもとに作成）

|  | 学生一人一人に使用させている | 学生にグループワークとして使用させている | 教員が学生の前で提示して使用している | 使用していない |
|---|---|---|---|---|
| 電子黒板 | 2.5 | 4.2 | 9.8 | 87.6 |
| プロジェクタ | 9.6 | 17.1 | 77.2 | 16.2 |
| 大型モニタ | 1.4 | 1.8 | 23.4 | 73.4 |
| 実物投影機 | 1.9 | 3.8 | 37.8 | 56.5 |
| タブレット PC | 3.6 | 2.6 | 5.0 | 88.8 |
| デジタル教科書 | 1.3 | 1.7 | 6.6 | 90.4 |

## (2) Society5.0時代を見据えたICT環境の整備

　学校にコンピュータが整備され始めて35年近く経ち，その間に種々の事業が行われてきたが，日本の学校のICT環境は，先進諸外国と比べて遅れをとっている。この状況を打開するため，学校のICT環境整備を検討してきた文部科学省，総務省，経済産業省，内閣官房IT総合戦略室が連携して，今後目指すべき次世代の学校・教育現場とICT環境をモデルにまとめた（**図4**）。令和時代の学校ICT環境を整備するとともに，教育分野以外のデータやネットワーク環境を，省庁を横断して推進していくことを目指している。

　2019年12月に閣議決定された総合経済対策において，一人一人に応じた個別最適化学習にふさわしい環境を速やかに整備するため，学校における高速大容量のネットワーク環境（校内LAN）と，全学年の児童生徒一人一人がそれぞれ端末を持ち，十分に活用できる環境を2023年度までに実現することが提

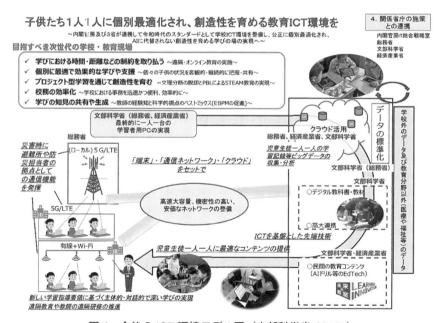

**図4　今後のICT環境モデル図（文部科学省 2019b）**

言された。そして2019年度の補正予算において，GIGAスクール構想に2,318億円が計上され，今後2023年度末までに，1人1台端末及び高速大容量の通信ネットワークが一体的に整備されることとなった。

　このようにICT環境が整備された学校では，どのような教育実践が展開されるのだろうか。「新たな時代を豊かに生きる力の育成に関する省内タスクフォース」(2018)は，Society5.0時代の教育や学びのあり方として，AIが個人のスタディ・ログや健康状況等の情報を把握・分析し，一人一人の特性や発達段階に応じた学習計画や学習コンテンツを提示したり，学習者と学習の場を的確にマッチングしたりすることが可能になること，また一斉一律の授業スタイルから抜け出し，同一学年での学習に加えて，学習履歴や学習到達度，学習課題に応じた異年齢・異学年集団での共同学習を広げていくことができ，学校の教室のみならず，地域の様々な教育資源や社会関係資本を活用して，いつでもどこでも学ぶことができるようになると予想している。

## ❸　ICTを活用した先駆的な教育実践

　上述してきたように，今後，小中高等学校はICT環境が整備されることにより，子どもたち一人一人に個別最適化された，創造性を育む学校へと変革することが期待される。このような今後求められるICT活用の視点を取り入れた先駆的な教育実践はすでに一部で進みつつある。学校内外の実践例を紹介したい。

### (1) 高等学校における遠隔教育の取り組み

　インターネットを介して離れた場所で授業を行う遠隔教育が，2015年から高等学校の全日制課程や定時制課程で認められるようになった。それに先立ち北海道では，2013年度より研究開発学校制度を活用し，離島や郡部にある小規模校の教育水準の維持向上を目的とした遠隔教育のあり方について実証研究を進めてきている（北海道教育委員会 2014，図5参照）。生徒数が少なく小規模な学校では，生徒の多様なニーズにこたえるだけの教員を配置することが難しい。そこで，大規模校の教師が，遠隔授業システムを用いて小規模校の生徒

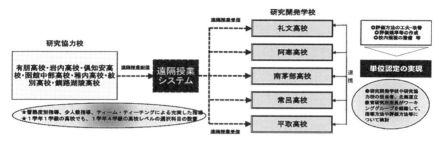

**図5　北海道における遠隔授業の概要（北海道教育委員会 2014）**

を対象に授業を行い，それを単位として認定している。2015年の制度改正により，高校3年間で必要な74単位のうち36単位までを遠隔授業で取得することが認められたことから，今後拡大することが予想されている。

## （2）ネットワークを介した学習コンテンツの提供

　学習のためのコンテンツを，何らかの通信手段を活用して提供することは，これまでも放送大学をはじめとして多様に行われてきた。インターネットが普及し，動画配信が手軽にできるようになったことで，NHKによるNHK for Schoolを始め，無料で使用できる教育用のコンテンツが提供され，とりわけ塾や生涯学習においてオンライン学習が増加している。また，授業の映像そのものを提供する取組も出現している。そのきっかけとなったのが，NPO法人Khan Academy（カーン・アカデミー）による授業動画の無料提供である。「質の高い教育を無料で，世界中のすべての人に提供する」との考えのもと，4,000本以上の動画を配信し，今では反転学習用教材としても活用されている（サルマン・カーン 2013）。このように，無料で授業動画を提供する取組は，日本でも推進されている。その先駆けは，東京大学の大学生であった花房孟胤氏が代表を務め2010年に始動したmanavee（マナビー）である。難関大学の現役大学生が授業動画を撮影し，インターネット上に無料で提供した。10,000本以上の動画が提供され，高校生の利用者を集めたが，2017年に運営を終了している。現在は，有料で授業映像を提供する塾が多いが，YouTubeにはその一部や個別に撮影された授業動画が提供されている。また後述する新型コロナウイルスの

感染拡大に伴い，有料の授業動画を一定期間無料で視聴できるようになったことで，ネットワークでの学習コンテンツ提供に注目が集まっている。

### （3）教育におけるビッグデータの活用

　昨今，様々な分野でAIやビッグデータの活用が進んでいる。教育分野においても，教師が有する高度な専門性を支援し，よりいっそう子ども一人一人の状況に合わせた教育活動を展開する上で，AIやビッグデータが活用され始めている。注目を集めているのが，AIを用いて子どもの学習履歴や集中度，つまずき等を分析し，一人一人に合わせて最適なカリキュラムを自動で作成するatama＋（アタマプラス）社が開発したシステムである。2017年4月に設立されて，すでに数多くの個別指導塾や予備校に導入されている。この他にも，リクルートマーケティングパートナーズが提供するスタディサプリや株式会社COMPASSが提供するQubena（キュビナ）など，間違えた問題の分析や，苦手な箇所を克服するためのコンテンツを紹介してくれるシステムが開発され，多くの子どもに利用されている。学習面以外での活用方法も模索されている。滋賀県大津市は，日立システムズと連携し，市内の小中学校から報告のあったいじめ事案のデータを人工知能（AI）により分析し，深刻化の可能性などを予測する取組を行っている。これまでは，人間である教師が全ての教育活動を担ってきたが，今後は，人間である教師にしかできないこと，AIでもできること，もしくはAIだからこそできることは何かを考える時代が来ると考えられる。

## ❹　パンデミックにより加速した情報化推進とそれに伴い露呈した課題

### （1）新型コロナウイルスの感染拡大と情報化

　2019年12月以降に発生した新型コロナウイルス（COVID-19）が世界中に拡大し，いまだ収束がみえない状況である。現在（2020年4月27日時点）確認されている世界の感染者数は2,790,902人，死者193,349人，日本国内（2020年4月26日時点）の感染者数は13,182人，死者348人に及んでいる（クルーズ船の乗客乗員を除く）。

　日本では，中国湖北省武漢市の滞在歴のある最初の感染者が，2020年1月15日に神奈川県で確認されて以降，様々な経路を通じて感染が拡大した。2月中旬以降に加速的に感染者数が増加したことを受けて，政府は全国の小中高特別支援学校に休校を要請するに至った。3月2日から約3か月間，一部自治体を除く全ての小学校，中学校，高等学校，そして特別支援学校が休校となった。企業に対しても，総務省，厚生労働省，経済産業省及び国土交通省が，在宅勤務やサテライトオフィス勤務等のテレワークを推奨し，その促進に向けた情報提供を行った。

　このように学校や職場に行かない状況が長く続いたことにより，そういった環境の中で職務や学習を行うための窮余の策としてICTを活用する動きが進んだ。とりわけ授業を受けられなくなった子どもを学習面から支援しようとする動きが広がり，学習コンテンツ等を開発・提供している企業が，期間限定でコンテンツや授業動画を無料で利用できるようにする等の取組が進められた。文部科学省による「臨時休業期間における学習支援コンテンツポータルサイト（子供の学び応援サイト）」，経済産業省による「新型コロナ感染症による学校休業対策『#学びを止めない未来の教室』」等，行政的な支援も広がった。2020年4月以降に新型コロナウイルスの感染者数がさらに拡大したことを受け，文部科学省は2023年度末までに完了予定であったGIGAスクール構想を前倒しし，2020年度中に小中学生に1人1台のコンピュータ環境を配備することを決めた。

## （2）情報化の加速で露呈した課題

　新型コロナウイルスの感染拡大に伴い，情報化に注目が集まる中，学校に目を向けると，情報化をすでに進めていた学校とそうでない学校の差が浮き彫りになっている。休校措置がとられて以降，保護者への一斉メール等で連絡をとり，子どもが学校へ来る日を待つ学校が多い中，ZoomやMicrosoft TeamsといったWeb会議システムを活用して継続して授業を行った学校も存在している。そこには，GIGAスクール構想で目指すSociety5.0時代の学校の姿が垣間見えると同時に，改めて考えなければならない課題も明確になってきている。

## ① Society5.0 時代の学びのイメージ

　新型コロナウイルスの影響で学校が休校になった際にICTが助け舟となったことから，ICTを活用することで学習面をサポートできることが明確になった。名古屋商科大学のように，大学及び大学院で開講される全ての授業を遠隔システムで行おうとする大学も現れている。一方で，授業は教室に一堂に会して行うものであるといった考えも根強く，対面のやり取りでなければ学びは深まらない，画面越しでは集中力が続かない，出席管理が煩雑になるといった懐疑的な意見もある。このような意見の対立は，Society5.0時代の授業や学習イメージが醸成されていないことに起因している。「授業が成立する」といった形式的なことに留まらず，「子ども一人一人の学習を保障する」とはどのようなことか，そのためにどのような教育が可能か，オンラインで何ができて，何ができないのか等を多面的に検討することが望まれる。もちろん，単にICTを活用すればよいということではない。昨今のオンライン教育で提供されている教材は，ドリル型や解説型，授業や映像等のクリップ型が多く，主に知識のインプットに主眼がおかれているが，これからの時代に求められる高度で柔軟な思考力，他者と共同して問題解決する力，情報機器を道具として使いこなす力等を培う上では十分とはいえない。オンライン教育が進んだことにより，ドリル学習や定着テスト等の反復学習ばかりが増え，学びの逆戻りが進行しては元も子もない。ICTの技術革新を教育に活かすためにも，これからの社会をけん引する子どもたちに提供する学びのイメージを具現化する必要があるだろう。

## ② Society5.0 時代の学習コンテンツ

　学校休校中に様々な学習コンテンツが無料で提供され，子どもの学習機会が補償されたことは喜ばしいが，教育の情報化推進に向けた著作権等の制度が十分整備されていないといった課題が明らかになっている。様々な著作物を，ICTを介した教育活動で利用できるよう2018年5月に著作権法が改正され，「授業目的公衆送信補償金制度」が設けられた。しかし，著作権者に使用料を支払う授業目的公衆送信補償金等管理協会（SARTRAS）が指定され，同法が2021年5月24日までに施行されることは決まっていたが，開始は先送りされてきた。

このような状況では，現行法上の権利制限を超えて利用される恐れがあることから，文化庁著作権課は2020年3月4日に「新型コロナウイルス感染症対策に伴う学校教育におけるICTを活用した著作物の円滑な利用について」といった配慮願を出し，また政府は，改正著作権法を2020年4月28日に施行する政令を閣議決定した。SARTRASが2020年度に限り著作物利用を無償にする特例措置を決めたことにより，遠隔授業を行う上での1つの壁は取り除かれた。しかしながら，Web会議システムなどを利用した主教室が存在しないオンライン教育における著作権のあり方，さらにICT活用が進んだ場合の基盤構築は不完全な状況である。Society5.0時代を見据えた制度の整備が急務といえる。

### ③ Sosiety5.0 時代の学校や教師に期待されること

　新型コロナウイルスの感染拡大により，全国的に学校が休校する中で，ICTを活用して学習面を支援できることがクローズアップされたとともに，社会がいかに養護的側面を学校に期待し，また実際に学校が担っているかが表面化した。家で子どもの面倒をみるために仕事を休まざるを得ない親が増えたことによって，限られた職員で業務を縮小して行ったり，職場が子どもを預かる場所を設けたりと，その影響は社会全体に及んだ。学校が一律休校になると，社会が回らないことが明らかになったため，学校を休校にしていても，学童保育は開放する等の対応をとる自治体も現れた。「新たな時代を豊かに生きる力の育成に関する省内タスクフォース」（2018）が指摘するように，いつでも，どこでも学ぶことができるようなSociety5.0時代の教育や学びを実現するには，授業でICTをどのように活用するかといった議論のみならず，社会として学校にどのような役割を求めるのか，そのための家族や職場のあり方も含めて検討する必要がある。とりわけ，格差にどう対応するかは重要な問題である。自宅にICT環境が整備されていない家庭や，親が仕事を休むことが難しい家庭では，教育がオンライン化され学習面が支援されたとしても，対応が難しい場合も少なくない。情報化時代の学校のあり方を真に検討する時期に来ている。

# ❺　おわりに

　ICTの技術革新から学校を考えることは，今後の社会のありようを考えることと不可分である。私たちを取り巻く社会は，情報通信技術やロボット，AI等の科学技術が進展するといった側面もあるが，一方で，少子高齢化が急速に進展し，人口減少時代を迎えているといった側面もある。教育におけるICT活用を議論する時，Society5.0時代に生きる人材をどのように育むかという議論とともに，今後の日本社会や地域をどのように創造し，そのためにICTをどのように活用するかといった議論も重要となる。増田（2014）により「未来日本の縮図」と呼ばれ，全国平均よりも速いスピードで人口が減少すると予想されている北海道の郡部の学校を訪ねると，今後の学校教育の現実を突きつけられる。ある中学校の校長から次のような話を聞く機会があった。

　「ここから通える高校はあります。そこに行くなら勉強しなくても合格できます。でも大学進学を考えると，そこでは難しい。なので，中学卒業と同時に，家族で進学校のある街へ引っ越すケースも多くあります。そこから親御さんが働きに来ます。子どもに力をつけることが学校の大きな役割ですし，後押ししたい。けれど，学力を高めれば高めるほど，地域は衰退してしまう。」

　インターネットが普及し，ネットワークに接続できる環境があれば，いつでもどこでも誰とでも学習することが可能になり，これまで以上に一人一人の子どもの学習を支援できる可能性が広がる。しかし，日本ではあまりICTを学びの場で活用できていない。この状況を打開するため，ICT教育の整備を急速に進める必要がある。上述したケースで考えると，遠隔教育で高校に通うことができれば，地域を離れずに学ぶことができ，人口減少が著しい地域の衰退に歯止めをかける一助にもなりえる。一方で，これを突き詰めていくと，学校という空間に集まることや，学校という教育装置の存在意義を問うことにもつながる。Society5.0時代の公教育のグランドデザインが求められる。

　とはいうものの，昨今の新型コロナウイルスの感染拡大に伴い，ここ数か月で社会状況は大きく変わり，対面での活動を可能な限り避けるため，様々な分

野でオンライン化が進んでいる。現在は，この100年に一度の危機に対峙している最中であるが，このウイルスが収束した後，教育はどのような方向に進むだろうか。対面で集まって教育を行うことの素晴らしさを再認識しつつも，一度加速したオンライン化の流れを止め，感染拡大前と全く同じように戻るとは考えにくい。世界の全ての地域で，一日も早く収束する日が訪れることを願いつつ，「災い転じて福となす」のことわざを信じて，明るい展望を想像していきたい。

　最後に，新型コロナウイルスにより亡くなられた方々のご冥福をお祈り申し上げますとともに，そのご家族や罹患された方々に，心よりお悔やみとお見舞いを申し上げます。また，最前線で奮闘されている医療従事者の方々に感謝いたします。

## 参考文献

- 文化庁著作権課（2020）『新型コロナウイルス感染症対策に伴う学校教育におけるICTを活用した著作物の円滑な利用について』< https://www.bunka.go.jp/seisaku/chosakuken/92080101.html > 2020年4月25日参照
- 著作権等管理事業者及び関係団体（2020）『新型コロナウイルス感染症対策に伴う学校教育におけるICTを活用した著作物の円滑な利用について』< https://sartras.or.jp/wp-content/uploads/200305_seimei.pdf > 2020年4月25日参照
- 北海道教育委員会（2014）『平成25年度研究開発実施報告書』< http://www.dokyoi.pref.hokkaido.lg.jp/hk/kki/akd/kenkyukaihatsugakkou.htm >
- 経済産業省（2020）「新型コロナ感染症による学校休業対策」『# 学びを止めない未来の教室』< https://www.learning-innovation.go.jp/covid_19/ > 2020年4月25日参照
- 国立教育政策研究所（2019）「生徒の学校・学校外におけるICT利用」『OECD生徒の学習到達度調査（PISA）〜2018年調査補足資料〜』< https://www.nier.go.jp/kokusai/pisa/pdf/2018/06_supple.pdf > 2020年4月25日参照
- 増田寛也（2014）『地方消滅』中公新書
- 文部科学省（2019a）『平成30年度学校における教育の情報化の実態等に関する調査結果』< https://www.mext.go.jp/a_menu/shotou/zyouhou/detail/1420641.htm > 2020年4月25日参照
- 文部科学省（2019b）『GIGAスクール構想の実現パッケージ〜令和の時代のスタンダ

ードな学校へ〜』< https://www.mext.go.jp/content/20191219-mxt_syoto01_000003363_14.
pdf > 2020 年 4 月 25 日参照
・文部科学省（2020）『臨時休業期間における学習支援コンテンツポータルサイ
　ト（子供の学び応援サイト）』< https://www.mext.go.jp/a_menu/ikusei/gakusyushien/
　index_00001.htm > 2020 年 4 月 25 日参照
・内閣府（2019）『安心と成長の未来を拓く総合経済対策』< https://www5.cao.go.jp/
　keizai1/keizaitaisaku/2019/20191205_taisaku.pdf > 2020 年 4 月 25 日参照
・内閣府 総合科学技術・イノベーション会議（2016）『第 5 期科学技術基本計画』<
　https://www8.cao.go.jp/cstp/kihonkeikaku/index5.html > 2020 年 4 月 25 日参照
・OECD（編著）国立教育政策研究所（監訳）（2016）『21 世紀の ICT 学習環境』明
　石書店 .
・サルマン・カーン（著）・三木俊哉（訳）（2013）『世界はひとつの教室』ダイヤモ
　ンド社 .
・清水康敬（2014）「1 人 1 台端末の学習環境の動向と研究」『日本教育工学会論文誌』
　38（3），pp.183-192，日本教育工学会 .
・Society5.0 に向けた人材育成に係る大臣懇談会　新たな時代を豊かに生きる力の育
　成に関する省内タスクフォース（2018）『Society.5.0 に向けた人材育成〜社会が変
　わる，学びが変わる〜』< https://www.mext.go.jp/a_menu/society/index.htm > 2020
　年 4 月 25 日参照
・吉岡亮衛（2018）『教員養成課程等における ICT 活用指導力の育成のための調査
　研究　国立教育政策研究所プロジェクト研究調査研究報告書』< https://www.nier.
　go.jp/05_kenkyu_seika/pdf_digest_h29/rep301211-all.pdf > 2020 年 4 月 25 日参照

# 3　「子どもの貧困」と向き合う学校を

中京大学　**照本　祥敬**

## ❶　学校空間に現れる「子どもの貧困」

　1990年代以降本格化する新自由主義の政治と経済は，私たちから〈社会〉を奪い続けている。この〈社会〉とは，人びとの生存権・社会権の十全な保障をめざす福祉国家的な機能と役割をもつ社会である（市野川 2006, pp.2-3）。「格差社会」「新しい貧困」「ワーキングプア」「非正規労働者」「雇い止め」「派遣切り」……，これらを並べてみれば，この30年間でいかに〈社会〉が衰退し，収縮したかは一目瞭然である。〈社会〉の衰退と収縮は，私たちの人間的に生きるための諸権利を切り下げる。それが最も鮮明になるのは，生活の困窮を強いられている人びとである。「子どもの貧困」をめぐる問題も，こうした社会現実のもとで再生産されている。

　では，「子どもの貧困」はどのように再生産されているのか。この点を検討するにあたり，まず，それが学校空間のなかでどのように現出しているか，いくつかのケースをみていこう。

　　リクは入学前から近所では有名だったらしい。……周りの子ども達に暴言を浴びせる，つねる・叩く・蹴る，落ち着きがなく授業中に大声を出す。朝ご飯を食べていない，忘れ物がひどい，……毎日同じ服を着ている，お風呂に入ってなくてにおいがきつい，といったことが続いた。養護教諭がパンと牛乳を摂らせたことがある。すると，授業中はやる気を出し，運動会の踊りの練習にも初めて意欲を示した。（福岡県・小学校）（須貝 2009, p.18）

教室で最も悲鳴を上げ，生きづらさを抱えているのは拓也だった。拓也は，身なりは汚く，顔は黒く暗い目をしていた。家の生活費を得るために友達のゲームソフトを母親に売らされたこともあった。4年生のときは万引きを繰り返していた。……学力は，かなり厳しく，ひらがなもままならない。しかも，近寄るとすえたにおいがきつかった。……学級での拓也への風当たりも当然強い。拓也に関しては，ズバズバ言ってもいいんだ！という雰囲気がある。（北海道・小学校）（山本 2008, pp.2-3）

私の勤務するA中学校は，今年度ついに要保護と準要保護の家庭の比率が5割を超えた。……給食費の未納額が膨らんでいく。積もり積もった未納の給食費をどうしたらよいのか，学校全体で頭を悩ませている。就学援助を受けていない家庭の経済状況もかなり厳しいのだろうと推測する。

牧田君のお母さんは，二重労働。早朝～昼。午後～夜。疲れ果てている。うつ状態になり一時子どもを児童養護施設へ。

城田さんは，母がタイの方。父日本人。小さい頃離婚。母はタイへ。父は姉妹を捨て行方不明。現在，おばあちゃんが育てている。おばあちゃん（70代）は工事現場の旗振りの仕事。日給7500円。休めばその分収入が減る。……未納金ほんとうにすみません。4月まで待ってください。ほんとうにすみませんとおっしゃる。

藤井君の家もお母さん一人。最近体を悪くして会社を辞めざるをえなくなる。早く手術をしなさいと医者に言われているが，そんなお金もない。11万円程度の失業保険で藤井君と妹の生活を支えている。痛みをおして新しい仕事も探している。未納金，4月まで待ってくださいと言う。（埼玉県・中学校）（河瀬 2009, pp.27-28）

　2000年前後から顕在化する，階層分化の進行に伴う格差の拡大と貧困の遍在は，子どもたちにも容赦なく襲いかかっている。「健康で文化的な最低限度の生活」（憲法25条）の底を抜けている，といっても過言ではないような日常

を生きている子どもたち。もちろん，汚い身なり，万引き，暴力や低学力の問題は，リクや拓也の責任ではない。また，ネグレクトや虐待を含む養育の不十分さも，保護者や母親ひとりの責任に帰すことはできない。低賃金のパート労働をいくつも掛け持ちしながら家族の暮らしをぎりぎり支えているが，心身ともに無理に無理をかさねているため，病気やケガ等によって仕事を失うケースも少なくない。厳しい暮らしのなかで必死に子どもを養育しているが，不測の事態に直面して失職した途端に困窮状態に陥る。しかし，そうなっても十分な公的（社会的）支援は期待できない。憲法がいう「健康で文化的な最低限度の生活」の内実は不問にされたまま，結局のところ，貧困は「自己責任」の問題として処理される。「子どもの貧困」の発生基盤にあるのも，こうした「自己責任」を強いる政治と経済のありようにほかならない。

## ❷　貧困の導火線としての「教育課程からの排除」

　「子どもの貧困」と学校教育の関連について検討していこう。
　湯浅（2008）は，貧困状態に至る背景には「五重の排除」があると指摘したうえで，その一番目に「教育課程からの排除」を挙げる（p.60）。また，「教育課程からの排除」の背後にはすでに親世代の貧困があるともいう。すなわち，「教育課程からの排除」が貧困（の世代連鎖）の導火線になっている，というのである。では，「教育課程からの排除」は，学校の日常においてどのように進行しているのか。先に紹介した埼玉県のA中の校区では，小学校卒業の段階で「学力」上位で経済的に余裕のある層は私立中学に抜け，これに続く層は「比較的落ち着いた」周辺の公立中学校に進学する。A中に入学してくるのは，「学力」的にもきつく，小学校時代に学級崩壊や授業エスケープ，いじめなどを体験した子どもたちだという。かれらはA中入学後もエスケープ，器物損壊，暴力等を頻繁に繰り返していた。
　このような生活の困窮と劣悪な生育環境に由来する「低学力」や「荒れ」の様相について，安島（2006）は「学校を壊さなければ『呼吸ができない』『生

きていけない』という子どもたちの大量の出現」であると分析している（p.98）。とすれば，彼らが「壊さなければ『呼吸ができない』『生きていけない』」という「学校」とは，どのような学校なのか。この「学校」とは，貧困という過酷な現実を自分たちに押しつけている格差社会の象徴的存在としての学校ではないだろうか。

　2000年代の学校教育施策がこうした子どもたちの「荒れ」の本質やその背景（貧困）を的確に把握していたかどうかは，非常に疑わしい。ただし，2005年頃からゼロ・トレランス的発想の「生徒指導体制の見直し」がしきりに強調されていった経緯をみれば，学校現場に浮上する「問題行動」の深刻さに相当な危機感を募らせていたことは確かであろう。その一例として，国立教育政策研究所生徒指導研究センター（2006）は，「児童生徒の規範意識の醸成」に向け，「全ての学校」と「全ての教職員」に対し「指導がぶれることなく」「『当たり前にやるべきこと』を『当たり前のこと』として徹底して実施する」よう求めている。

　後述するように，昨今流行の「学校スタンダード」と呼ばれているものは，こうしたゼロ・トレランス的生徒指導体制の延長線上に位置づく。実は，「教育課程からの排除」を正当化することへの了解は，このような「指導」観や「学校経営」観の中に埋め込まれているのである。

　「問題行動」を繰り返し表出させているような子どもは，競争と管理のシステムが貫徹する学校空間においては容易に排除の対象になる。「暴力的な言動で周囲の子どもの安全を脅かしている」「授業を妨害し，大多数の子どもの学習権を侵害している」「他の生徒の受験に深刻な影響を及ぼす」といったものが，排除を正当化するおもな理由である。こうして学校体制に適応できず「問題行動」を繰り返すのは本人の「自己責任」であり，周囲の子どもや学級集団から切り離し，厳しく対応するのは当然だ，といった了解が成立する。

　しかし，そうした学校では，かれらが必要としている指導や支援の内実は問われない。なぜ執拗に反発するのか，なぜ授業を妨害するのか，なぜ他者や自分自身を傷つけようとするのか，かれらが抱える生きづらさの様相に目を向け

ようとはしない。「貧困」の事実には目を向けず，もっぱら競争と管理の学校体制に適応させることへと関心を振り向ける。結果，貧困問題は隠されるだけでなく，このような学校システムからの排除を通じて再生産されていく。

## ❸　「子どもの貧困」とは何か

　「教育課程からの排除」を皮切りに再生産される貧困問題の核心には何があるのか。

　子どもたちに襲いかかる貧困の問題群は，経済的困窮の局面にとどまらない。全国生活指導研究協議会基調提案委員会（2009）によると，それは経済的困窮を基盤にした「人間関係の貧困」や「文化的貧困」とも呼ばれる，乳幼児期からの育ちの総体にかかわる貧しさを意味する。以下は子どもが人間的に成長し，発達していく節目，節目に不可欠とされる基本的経験の一部である。
・乳幼児期に親をはじめとして，基本的信頼を託すことのできるおとなと出会うこと
・家庭，学校，地域，社会の中で自分が大切にされていると実感すること
・少年期の友達の世界をゆたかにくぐりながら，遊びや行動世界をおしひろげていくこと
・同世代の集団とともに学習に参加し，「わかった！」「できた！」という喜びを体験すること
・お互いを自分とは異なる他者として尊重し，親密で対等な友情を築いていくこと
・こうした活動や関係をとおして自分の成長を感じ，自分への信頼や未来への希望を育むこと

　「子どもの貧困」は，こうした人間関係や活動，社会とのつながりが欠乏している状態を包含する。さらに，問題はそれにとどまらない。ただ欠乏しているだけでなく，欠乏の状態を強いられている，ということである。岩田（2007）や阿部（2018）などの貧困研究はこれを「剥奪」と名づけ，そこに社会的排除

が重層的に関与していることを明らかにしている。

　もっとも，「人間関係の貧困」や「文化的貧困」の局面は，かならずしも経済的に困窮している層の子どもに限られるわけではない。受験を意識した幼少期からの管理された生活，そうした中で否応なく培われる能力主義的な価値観，孤立することへの不安や集団からの排除に怯える交友関係——このような日常が，他者や世界（社会），そして自己に対する基本的信頼を育むことができずにもがいている多くの子どもたちを生み出している。「子ども時代の貧困」とも呼ばれるこうした状況の改善を，国連子どもの権利委員会が日本政府に再三にわたって求めているのは周知のことである。同委員会は，すべての子どもたちが自身の成長への期待や喜びを感じ，人間らしく生きることへの希望や意欲を育てることができる社会への転換を求めている。

　にもかかわらず，この国の現実はこれとは真逆の方向に突き進んでいる。政府は，子どもの福祉や公教育の現場にも「自己選択」「自己責任」に基づく市場原理，競争原理を持ち込むことで社会的格差の拡大とその固定化を助長してきた。結果，とりわけ経済的困窮の状態にいる子どもが直面する「人間関係の貧困」や「文化的貧困」の問題はより深刻化，先鋭化した。かれらの多くは，自身のからだとこころの深部に刻み込まれた〈貧困〉の解消に手を差し伸べられることなく，むしろ，あれこれと理由をつけられ「制度としての学校」（教育課程）からの離脱を迫られる立場におかれている。こう考えると，「子どもの貧困」の核心にあるのは，社会的存在として成長していくために必要不可欠な基本的経験の剥奪と，この剥奪を「自己責任」の問題として正当化する社会的排除のシステムだということができよう。

## ❹　「子どもの貧困」に立ち向かう学校へ

### （1）狭隘な学校空間と公教育の不寛容な包摂

　「子どもの貧困」に立ち向かう学校とは，どのようなものなのか。その検討に入る前に，日本の学校と公教育の現況を注視しておこう。

　「義務教育の段階における普通教育に相当する教育の機会の確保等に関する法律」（以下，「教育機会確保法」）が2016年12月に制定された。同法の目的は，不登校の子どもに対する教育機会の確保と夜間中学校等での就学機会の提供である。その基本理念には，「全児童生徒が豊かな学校生活を送り，安心して教育を受けられるよう，学校における環境の確保」や「不登校児童生徒が行う多様な学習活動の実情を踏まえ，個々の状況に応じた必要な支援」といった観点が盛り込まれている。

　教育機会確保法制定前後の不登校の子どもの量的変化をみてみよう。2016年度の不登校の子どもは，小学校30,448人，中学校103,235人，計133,683人。2017年度は，小学校35,032人，中学校108,999人，計144,031人。2018年度は，小学校44,841人，中学校119,687人，計164,528人。2017年度と2018年度は2000年以降でピークだった2001年度の小学校26,511人，中学校112,211人，計138,722人を超えている。2018年度の義務教育段階の子どもの数が2001年度と比べ1,558,458人も減少していることを重ね合わせれば，異常といえるほどの増加である。不登校急増の背景には何があるのか。

　教育機会確保法を契機にフリースクールなどでの学習を選択する子どもや保護者が増えた，という面も多少はあるだろう。学校外に教育機会を確保することへの社会意識の変化（ネガティブなイメージの低下）が，そうした「選択」を後押しする役割を果たしていると推測することもできる。しかし，そうであったとしても，やはり，不登校の異常な増加の主因は学校空間の息苦しさの増幅にあると考えるべきである。

　登校時の挨拶の仕方に始まり，筆箱に入れる鉛筆の本数，発表やノートのとり方，課題の提出の仕方，休み時間の過ごし方，給食の配膳や清掃の仕方……と，学校生活のあらゆる場面に「学校スタンダード」なるものを設定する学校が目立つ。その特質は，「『当たり前のこと』を当たり前にやらせる」といった「指導」観と「若手もベテランも同じ指導ができる」といった「学校経営」観が合体している点にある。こうした「指導」や「学校経営」は，「チームとしての学校」体制の推進と相俟って，「見栄え」と「効率」を優先する新自由主

義の統治手法にうまく適合する。やたらとPDCAを走らせてみたり，教育活動の「成果」の一部を可視化する手段の1つに過ぎない「指標」を絶対視したりする奇妙な学校経営が横行しているのは，このような事情による[1]。

「学校スタンダード」が新自由主義の統治手法を土台に膨張を続けている以上，その権威性・抑圧性は非常に強く，学校空間はそれから外れることを許さないような力学に覆われる。こうした状況下では，「学校スタンダード」と自身のからだとこころの間の折り合いをうまくつけられない，「見栄え」と「効率」優先の学校経営にうまく適合できない子どもが感じる苦痛は，並大抵のものではない。とりわけ「子どもの貧困」に連なるさまざまな困難や課題を抱える子どもにとって，「学校スタンダード」は充実した学校生活の享受を阻むだけでなく，狭隘な学校空間からの離脱を迫るものとして作動する。

こうしてみていくと，教育機会確保法がいう「不登校児童生徒が行う多様な学習活動の実情を踏まえ，個々の状況に応じた必要な支援」の内実を掘り下げて検討する必要があることに気づく。同法は，直接には，不登校の子どもを含むすべての子どもの公教育制度への包摂を志向している。しかし，この包摂は，「学校スタンダード」に象徴される狭隘な学校空間への適応を基軸に，これへの適応が難しい，あるいは適応することを選択しない子どもについては学校外の「多様な学習活動」で代替する，という重層構造になっている。換言すれば，真の多様性に開かれた，子ども一人一人の個別具体的な教育ニーズと向き合う学校空間の設計ではなく，狭量な学校体質を温存させつつ学校の「外」の教育活動も公教育の中に位置づける，という制度設計になっている。そこに埋め込まれているのは，排除や分断を容認する「不寛容な包摂」の構図と，この枠内での教育機会（教育活動）の選択を個々人の「自己責任」の問題に帰着させようとする政治力学である。

## （2）発達の基盤となる〈基本的経験〉の保障に向けて

狭隘な教育空間であることを脱し，「子どもの貧困」に正面から向き合える学校へと転換していくための条件は何か。

すでに検討したように，「子どもの貧困」が人間的な成長と発達に欠くこと

のできない〈基本的経験〉を剥奪している以上,「子どもの最善の利益」(子どもの権利条約)の観点から剥奪されてきた経験をどう奪還させるのかを問うことが,転換に向けた第一歩になる。では,基本的経験の奪還をどのように励ましていくのか――高知の中学校教師である波田(2015)の実践に則して考えたい。

　極度に困窮した生活に加え,アルコール依存症の父親との関係に苦しむ大介。小学校1年の時に両親が別居し,毎晩のように酒に酔って暴れる父親と二人暮らしの龍。学級担任の波田は,この2人を中心に「父に苦しむ友の会」を立ち上げ,彼らとの対話を続ける。そうした中で,大介は,父の暴力とその父への反感,弱い立場にいる母親をいたわる気持ちを言葉少なにポツリポツリと話し出す。また,龍は,「……中学生活まともにできるがやろうかと思ったり,将来どうなってもええわと思ったり……。家庭が普通の家庭になってゼロに戻したい。耐えろうと思っても,耐えれん自分がいやや……」と語り出す。こうして彼らは,波田という〈重要な他者〉と出会ったことにより,これまで独りで抱え込むしかなかったしんどさを自らの言葉で語ることのできる主体へと変わっていく。

　国語の教科担任でもある波田は,「生活作文指導」などを通じて一人一人の「思い」を表現させることにこだわる。父親が店の倒産でリストラされ,長女として父や家族を励ましていきたいという「思い」,長年やってきた漁師の生活が苦しくなり,弱音を吐く父や家族への「思い」,父親を病気で亡くした後,必死で育ててくれた母親への「思い」……と,自分独りではどうにもならない苦しさやつらさ,いまの自分の願いや希望を「思い」として言語化し,本当はこう生きたいと願う「もう一人の自分」と向き合うよう励ますためである。また,それぞれが「思い」を語り,共感的に聴き取る,という関係性を学級集団のなかに築いていくためである。さらに,「クラスのあの子分析・問題分析」の取組では,大介や龍,クラスのリーダーたちを交え,自他が抱えるしんどさをめぐる対話と応答を続けさせている。そうした中で,それぞれが生きている生活現実や抱えているしんどさについて共感的に理解しつつ,いまある自分を

どう成長させていくかについて考え，話し合う学びの集団を誕生させている。

　以上のような波田実践の展開について，これを〈基本的経験〉の奪還という観点から検討すると，その意義をおおよそ3つに整理することができる。

　第一に，波田自身が大介や龍が基本的信頼を託すことのできる他者＝おとなとして彼らと対峙している，という事実である。第二は，〈貧困〉を押しつけている現実に批判的に介入する学びを徹底して追求していることである。大介や龍との対話の基底にあるのは，過酷な生活現実の中でもがいている自己を正面からみつめさせることである。波田は，この対話の中で，困窮した生活に押し流されるのではなく，批判的な学びを介して彼らを生活現実の変革に挑んでいく生活主体・発達主体へと成長させていこうとする。この構えは，「生活作文指導」「クラスのあの子分析・問題分析」にも一貫している。〈貧困〉に付随する問題を「個人的な問題」の枠組から解き放ち，自他の生活現実や生きづらさについて考え，学び合うことを追求させている。そして，これらの取組を通して，教室の中に孤立や排除に抗する共闘と共生の世界を誕生させている。これが第三の点である。波田は，「学級」という制度的空間の中に，よりよく生きることへと互いを励まし合う，進路や生き方をめぐる青年期の自立課題の実現に向けて互いをケアする関係性を出現させているのである。

## （3）福祉と教育を一体的に追求する学校空間を
### ──「不寛容な包摂」の構図を脱するために──

　ただし，波田実践の真価は，狭義の教育活動に限定されない。波田は，大介や龍をはじめとする子どもや保護者が必要としている支援の内実を掘り下げながら，学校と行政，福祉専門職・機関，保護者，地域の協働のネットワークを精力的に築いている。その原点にあるのは，「『大介も次男も能力は高いのに，この家の環境では，能力が伸びん』と評論する教師もいたが，……子どもを伸ばすための道を模索して，周りのおとなができることをしていかなければ，父母にその力がないことが分かっていて，何の手も差しのべないのも，また周りのおとなのネグレクトだ！　と強く反発を感じた」という，この教師の姿勢である。

　実際に波田がどのような支援を実践したのかを，大介と父母へのかかわりに焦点づけて紹介しよう。

　大介は，祖父母，両親，弟2人と暮らす。夏休みに入った7月下旬，小・中学校と5つの関係機関が参加する支援委員会が開かれ，弟たちの様子からネグレクトの可能性がある，軽度の知的障がいを疑わせる母親は養育が十分にできない，父親は家で昼間から飲酒している，保険証もない，といったことが判明する。これ以降，波田は，市の育成センター相談員，福祉課と健康保険課の職員，保健師，断酒会のメンバーらとともに，おもに母親との面談を重ねていく。大介本人には，「大介もつらかろうが，絶対に［父親に：引用者注］手を出すな！

　何かあったら近所の校長先生宅へ駆け込め！」と暴力の加害者にならないことを約束させる。8月のある日の面談中に明日のお米がないことがわかり，急きょ，生活保護の申請に付き添う。また，福祉課のバックアップを得て父親の就職にもこぎ着ける。その後も，大介の高校進学にどれだけの費用が必要かを母親が理解しやすいように一覧表を作るなどの支援を続けつつ，母親を孤立させないために「料理を作っておしゃべりをする会」を同僚（養護教諭）や保護者の有志らと開催する。

　こうした大介の家庭への迅速で的確な支援や助言，支援を分厚くするための管理職や同僚，育成センター相談員，地域の福祉関係者・機関との緊密な連携および母親を孤立させないための保護者ネットワークづくりは，すべて大介とその父母が必要としていたものである。波田は，これら多職種にまたがる支援者の一人として，その都度，大介と家族が具体的に何を必要としているかを洗い出し，それを支援のメニューに載せていく。波田らは，このように大介と家族が生きている現実を見据えつつ，教育と福祉を架橋する協働を誕生させているのである。

## ❺　おわりに

　学校は，狭義の教育（≒指導）上の必要に限定しても，さまざまな局面で子

どもやその保護者の生活現実にふれる。そして，たいていの場合，学級担任は，その最前線にいる。ところが実際は，「子どもの貧困」の事実と正面から向き合おうとする学校がある一方で，これに目を背けようとする学校も数多く存在する。そうした中で，教育実践の担い手としての矛盾や葛藤を抱え，疲弊感や無力感を覚えている教師も，けっして少なくない。

　それだけに，子どもが生きている現実に根ざした学校のありようを探ること——人間的な成長と発達に必要な〈基本的経験〉の保障をめざす保護者，地域，専門機関や行政との協働の中に自らの教育実践を据え直すこと——が切実に求められているように思う。くわしく説明するまでもなく，この協働は，「見栄え」と「効率」を追いかけようとする「チーム学校」の指揮系統にすっぽりと収まるようなそれとは決定的に異なる。「子どもの最善の利益」を実現するための協働であり，日常の教育活動を子どもの福祉と教育を一体的に追求する次元へと押し上げ，この次元における教育実践を発展させていくための協働である。

　福祉と教育の一体的追求こそが「子どもの貧困」に立ち向かう学校の最大の要件だといえるが，この要件に迫るためには，何よりもまず，狭隘で不寛容な学校と公教育の現状を直視し，この状況を脱していく必要を自覚しなければならない。「子どもの貧困」と学校の関係を問うことは，「自己責任」を盾に「教育課程からの排除」を正当化する学校の現実をどう転換するのか，より根源的には，おとな社会は子ども世代の人間的成長と発達への責任をどう果たすのか，といった問い（課題）を引き受けることにほかならないからである。

注
1）このあたりについて詳しくは，照本祥敬（2018）「膨張する『スタンダード』，その行き着く先は？」『クレスコ』2018 年 7 月号，を参照されたい。

## 参考文献

・ 市野川容孝（2006）『社会』岩波書店 .
・ 須貝翔子（2009）「ネットワークづくりに向けて」『生活指導』2009 年 6 月号 .
・ 山本純（2008）「どうして変われたの？」『生活指導』2008 年 11 月号 .
・ 河瀬直（2009）「子どもや親の生活を『肌で感じる』ことから始まる」『生活指導』 2009 年 6 月号 .
・ 湯浅誠（2008）『反貧困―「すべり台社会」からの脱出』岩波書店 .
・ 安島文男（2006）「中学校実践は暴力に対する方針の確立を！」『生活指導』2006 年 7 月号 .
・ 国立教育政策研究所生徒指導研究センター（現在は同研究所生徒指導・進路指導 研究センター）（2006）「生徒指導体制の在り方についての調査研究―規範意識の 醸成を目指して」.
・ 全国生活指導研究協議会基調提案委員会（2009）「子どもの発達に刻み込まれてい る〈貧困〉と向き合い、生活指導の課題を明らかにしよう」『全生研第 51 回全国 大会基調提案』.
・ 岩田正美（2007）『現代の貧困――ワーキングプア／ホームレス／生活保護』筑摩 書房 .
・ 阿部彩（2018）『子どもの貧困―日本の不公平を考える』岩波書店 .
・ 文部科学省（2016）「義務教育の段階における普通教育に相当する教育の機会の確 保等に関する法律」.
・ 波田みなみ（2015）「【実践記録】龍と大介がいた三年間」『シリーズ教師のしごと 3 生活指導と学級集団づくり　中学校』高文研 .

# 教育方法学の研究動向

**1 「特別の教科　道徳」の導入・実施にかかわる諸課題**
―授業実践に関する研究動向に焦点をあてて―

**2　へき地教育に関する研究動向**
―へき地・複式教育における指導法の変遷とパラダイム転換―

## 1　「特別の教科　道徳」の　導入・実施にかかわる諸課題
─授業実践に関する研究動向に焦点をあてて─

大東文化大学　**渡辺　雅之**

### ❶　はじめに

　小学校では2018年度，中学校では2019年度に「特別の教科　道徳」（以下「道徳科」）が完全実施となった。道徳科は導入前から賛否を含め様々な議論があり，現場に重層的な混乱や困惑をもたらし，今なおそれは続いている。その根本的な原因は，道徳科導入が現場レベルでの教育的要求によるものではなく，政治的思惑（意図）に基づく拙速なものであったことに尽きるだろう。実は道徳教育の導入と格上げ（教科化）は，今に始まったものではなく戦後教育のスタート時から強い政治的企図をもって進められてきた。たとえば第二次世界大戦後の1953年には，文部大臣（当時）の天野貞祐が『国民実践要領』を発行して道徳教育の必要性を説いたことについて，菊池（2018）は次のように評している。

　　天野が直接・間接にやり遂げた仕事は「天皇への敬愛に基づく愛国心を教育の目的の一つにすること」，そのための特設教科の設置，次には国家的道徳基準の確立，と言える。（中略）しかし，それゆえに，逆コースのうねりの中で天野の思想は文教政策の核となって脈々と受け継がれていった。政治的イデオロギーと無縁ではないのは，それが法治国家の原則に立つ「政治と教育」の現実だからだ（pp.54-55）。

また，菊地（同）は，道徳教育の枠組みそのものを問い直す必要性に言及している。

　　道徳教育の改善を指向するものは，授業における「徳目主義」と「素直な心情主義」の克服をめざそうとする。しかし，「特設・道徳」前からこの

ように設計されていた道徳教育論[1]の枠組みを相対化することなしには，
道徳教育の，特に道徳授業の改革は進められないのではないだろうか(p.55)。
　道徳の授業実践をどうするかという問いは，"道徳とは何か，授業とは何か，
実践とは何かを問うこと"抜きには考えられない。そうした問いを抜きにして，
授業改善，例えば教材の選定や教科書の使い方，発問や板書の仕方のあれこれ
を追求したところで，「学びの空洞化」（横井 2014）を招くだけであろう。本
稿は道徳科全面実施後の現在において，道徳科の授業実践がどのような課題を
抱えているのかを検討する。

## ❷　道徳科導入の経緯といじめ問題

### （1）道徳科導入におけるいじめ問題の位置づけ

　2016年，文部科学大臣（当時）であった松野博一は道徳科の設置にあたり「い
じめに正面から向き合う『考え，議論する道徳』への転換に向けて（平成28
年11月18日）」というコメントを発表している[2]。その中で教科化の大きなき
っかけはいじめに関する痛ましい事案であり，「『特別の教科 道徳』の充実が，
いじめの防止に向けて大変重要である」と繰り返し述べている。

　　　子供たちを，いじめの加害者にも，被害者にも，傍観者にもしないために，
　　「いじめは許されない」ことを道徳教育の中でしっかりと学べるようにす
　　る必要があります。※下線部筆者

そしてそのために「考え，議論する道徳」への転換をはかることが必要であり，
教員に対しては，道徳の授業の中でいじめに関する具体的な事例を取り上げて，
児童生徒が考え，議論するような授業を積極的に行うようにと提言している。

　　　これまでも道徳教育はいじめの防止に関して大きな役割を負っていました。
　　しかし，これまでの道徳教育は，読み物の登場人物の気持ちを読み取るこ
　　とで終わってしまっていたり，「いじめは許されない」ということを児童
　　生徒に言わせたり書かせたりするだけの授業になりがちと言われてきまし
　　た。

　　現実のいじめの問題に対応できる資質・能力を育むためには，「あなた
　ならどうするか」を真正面から問い，自分自身のこととして，多面的・多
　角的に考え，議論していく「考え，議論する道徳」へと転換することが求
　められています。※下線部筆者

❶はじめにで菊池（2018）により述べられていた道徳教育における政治的イデ
オロギー（企図）を，ここに読み取ることはできない。むしろ，この松野のコ
メントはそれを糊塗するものであるともいえる。なぜなら，いじめ問題は松野
がいうまでもなく，長い間，日本社会の病理ともいうべき課題であり，同時に
学校教育における喫緊の課題でもあるにもかかわらず，全体としてみれば「解
決」に向かっているわけではないからである[3]。

## (2) いじめの現状と子どもの自殺

　近年においていじめが大きな社会問題としてクローズアップされたのは，
1986年の中野富士見中学いじめ自殺事件がきっかけであるが，その後の推移
はどうであろうか。「平成30年度　児童生徒の問題行動・不登校等生徒指導上
の諸課題に関する調査結果について[4]」（文部科学省 2018）によれば，いじめ
の認知件数は543,933件（前年度414,378件）であり，前年度に比べ約31%増加
している。そして児童生徒1,000人当たりの認知件数は40.9件（前年度30.9件）
であった。いじめの重大事態の発生件数は602件（前年度474件）であり，前
年度に比べ128件（約27%）増加し，2013年のいじめ防止対策推進法施行以降
で最多となっている[5]。過去5年間は，小学校におけるいじめの認知が大幅に
増加している（2013年：118,748件，2018年：425,844件）。また，全ての小・中・
高等学校及び特別支援学校のうち，いじめを認知した学校の割合が大幅に増加
している（2013年：51.8%，2018年：80.8%）。

　さらに文部科学省が発表している，全国の小・中・高等学校から報告があっ
た2018年度の児童・生徒の自殺者数は332人である。自殺した児童・生徒は前
の年度より82人増え，1986年以降で最多となった。また，「令和元年版自殺対
策白書[6]」（厚生労働省）で年齢階級別の自殺率推移を見ると，全体の自殺者
数は減少傾向にあるが，2018年の19歳以下の自殺死亡数（人口10万人あたり

における自殺者数）は統計を取り始めた1989年以降最悪となっている。自殺の原因がすべていじめというわけではないが，子どもたちの生きづらさが極めて深刻な事態に置かれていることははっきりしている。こうした状況が続く中，教育行政を司る文部科学省は何をしてきたのだろうか。

## （3）道徳科導入に利用されたいじめ問題

　子どもの権利委員会は日本の教育の現状について「高度に競争的な教育制度並びにそれが児童の身体的及び精神的健康に与える否定的な影響」について是正すべきという勧告を繰り返している。伊藤（2000）は，子どもの権利委員会から日本政府への勧告のポイントについて以下のように述べている。

　　日本の教育システムがあまりに競争的なため，子どもたちから，遊ぶ時間
　　や，からだを動かす時間や，ゆっくり休む時間を奪い，子どもたちが強い
　　ストレスを感じていること，それが子どもたちに発達上のゆがみを与え，
　　子どものからだや精神の健康に悪影響を与えていることが指摘され，適切
　　な処置をとるよう勧告されています。

　また，子どもの権利委員会：総括所見：日本（第4～5回）では，前回の勧告（CRC/C/JPN/CO/3，パラ42）を想起し，以下の具体的措置をとるよう促している[7]。

　　(a) 子どもが，社会の競争的性質によって子ども時代および発達を害され
　　　　ることなく子ども時代を享受できることを確保するための措置をとる
　　　　こと。
　　(b) 子どもの自殺の根本的原因に関する調査研究を行ない，防止措置を実
　　　　施し，かつ，学校にソーシャルワーカーおよび心理相談サービスを配
　　　　置すること。

　しかるに，国がこれらの勧告を誠実に履行した，しようとした形跡はなく，むしろ全国一斉学力テスト（全国学力・学習状況調査等）等，学校間の競争を激化させる政策をとり続け内外から批判を浴びてきた[8]。全国一斉学力テストにおいては，以下のように中止を求める国会請願もなされている[9]。

　　学ぶことは競争ではない。しかも，比べられるのは一部の教科の点数だけ

である。ランク付けの教育ではなく，一人一人の学ぶ喜びが大切にされ，
豊かな人格形成に結び付く教育こそ大切にされるべきである。

（第189回国会請願全国一斉学力テストの中止に関する請願）

　以上のように，子どもの権利委員会から勧告を受け，国会に学力テストの中止を求める請願が提出されているにも関わらず，文部科学省はいじめ問題の根本に横たわる競争的な教育システムの改廃，再構築に着手することはなかった。結果として，競争による序列化と分断は全国に広がり続けている。そもそも道徳科の導入によっていじめを解決するという姿勢は，対処療法にしかみえず，その療法の妥当性も大和久ら（2019）によって実践的視点からの批判検討が進んでいる。

　こうした一連の文部科学省の態度は，「ショックドクトリン10)」としての性質をもつものである。いじめという「惨事」を道徳科設置の理由づけにしたともいえるのではないだろうか。

　とはいえ，当時の文部科学大臣であった松野の「『考え，議論する道徳』へと転換することが求められています。」といったコメントには現場感覚からもうなずけるところもあり，教師から生徒への一方的な授業から「考え・議論する道徳」への転換は歓迎すべき側面もある11)。

　では，全面実施となった道徳科は，松野のコメントにもある「自己の生き方を考え，主体的な判断の下に行動し，自立した人間として他者と共によりよく生きるための基盤となる道徳性を養う」ものになっているのだろうか。

## ❸　現場における実践課題──道徳教育の構図と問題点──

### （1）自主性を発揮できない教師たち

　教育課題の多様化や多忙化の進行の中において，「教科化をきっかけに，本格的に道徳の授業に取り組んでみよう」という積極的な意志を持つ現場教師はどのくらいいるのだろうか。

　全国生活指導研究協議会全国大会，教育のつどい（旧・全国教育研究集会），

地域の教育研究サークルなどでの筆者による聞き取りによれば「やらなければ
ならないのだから，やるしかない」という消化試合的な気分を持つ教師が多か
った。中学教師の田中光則は，教育のつどい2019「特設分科会　道徳教育を
考える」の実践報告「道徳の授業はなぜツマラナイのか?」の中で次のように
述べている。

　　多くの先生は道徳の授業を負担に感じている。それはツマラナイからだ。
　　先生がツマラナイのだから，生徒も面白いはずがない。そして多くの先生
　　は「ツマラナイのは自分の力が足りないからだ」と考える。

　さらに田中は，道徳科に対する教師の姿勢に関して，指導主事訪問では「国
や県の教育指針に沿った学校経営がなされているか」「指導要領に沿った授業
が行われているか」がチェックされ，本音の言えない建前の研修が行われてい
るという。そして思考停止させられた教師たちは「強制されている」という自
覚を持たないまま，政府の望む教育方針に「自主的」に向かっていく。「考え・
議論する道徳」といいながら，教師自身が考えず，議論もしない状態である，
という指摘をしている。ここで田中が主張していることは，追い込まれている
教師の姿であると同時に，そこに追い込んできた教育行政の問題であろう。雨
宮（2019）は，強い者，権威ある者の考えそうなことを下の人間が先回りする
「忖度」は，今や権力者が命令してやらせるのではなくて，支配される側がそ
れを正しいと思って自分から実行する文化になっていると指摘している[12]。
雨宮の指摘は，各地の教育委員会などにみられる教育行政の姿勢そのものであ
り，こうした「忖度」がまた現場教師に影響を与えている。

　以上のように教師が教育行政により追い込まれ，自ら政府の望む教育方針に
向かっていくという状況が現場でみられる。

　また，道徳の教科化で教員の大半は困っていないというある意味，皮肉な状
況が発生している。宮澤（2019）はこの理由について「使用義務のある教科書
が作られたからです。これにより，授業の進め方が丁寧に書き込まれた台本の
ような『指導書』ができ，ワークシート集が作られ，記述式となる評価のため
の文例まで揃」ったからだと述べている（p.37, pp.44-46）。

## （2）道徳教育の構図

　なぜこのような傾向に収斂していくのだろうか。それは道徳教育が，以下「学校教育における道徳教育の構図」（渡辺 2018）のような全体構造の中に位置づけられているからである。

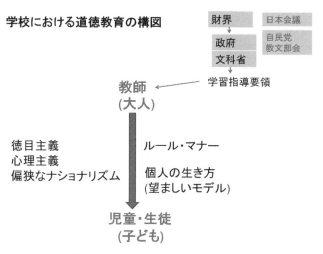

図1　学校教育における道徳教育の構図（渡辺 2018）

　図1でいえば，道徳性のベクトルは教師（大人）から児童・生徒（子ども）にのみ向けられている。しかし，そうした教師（大人）も学習指導要領に拘束され，文科省やそれに連なる政権与党の強い影響下に置かれている。学びは本来，相互批判を内に含んだ，双方向で成立する営みである。それにも関わらず，道徳科が一方的なものになっていたり，田中（2019）の実践報告で指摘されたように「ツマラナイ」ものであったり，宮澤ら（2019）がいう「困っていない」状況になっている。多くの教師にとって道徳の授業が消化試合になりつつある原因の一つはここにあるだろう。

## ❹　先行研究からこれからの道徳教育のあり方を考える

### (1)「役に立つ」情報の落とし穴

　そのような中，各地で道徳科に関する研究が様々なかたちで進められている。例えば，雑誌『道徳教育』（明治図書）では1961年の創刊以来，教室実践に役立つような情報や資料を掲載している。

> 「考え，議論する道徳」の実現のために，理論×実践の両方からアプローチ！教材研究，板書，発問，説話のアイデア等，明日からすぐに活用できる情報はもちろん，評価，オリパラとのコラボなど，旬な話題も満載でお届けします。（同誌　オンラインブックストアHPより [13]）

最新号（2020年6月号）は「道徳授業の成功と失敗—その差をひもとくヒント」が特集であり，以下のような道徳に関する記事が掲載されている。
・私が考える道徳授業の成功×道徳授業の失敗
・道徳授業の成功×道徳授業の失敗—その差をひもとくヒント
・道徳エキスパートの失敗談に学ぶ
道徳科の完全実施の前から「道徳の通知表文例集−OK&NG文例ガイド（2018年7月号）」なども特集され，現場教師にとって「役に立つ」内容で構成されている。

　このような，現場で「役に立つ」「明日からすぐに活用できる」情報は多忙な教師にとって，魅力あるものに映るだろう。しかし，「役に立つ」とは何か，誰のために，何の「役に立つ」のかを問うことが必要ではなかろうか。「すぐに」に潜む危うさはないだろうか。失敗のない，（教師が）困らない授業はダメな授業なのだろうか。

　一見便利ですぐに活用できるものはマニュアルであり，手引書（ハンドブック）である。マニュアルとは，取り組む方法を知らない者（初心者）に対して示し，教えるために標準化・体系化して作られた文書であり，未経験者が適切に行うための方法や基準を解説したものである。マニュアルを作成する目的は，合理的かつ効率的にものごとに失敗なく取り組むことが出来るようにすること

である。つまり，上手に操作することが目的であり，その操作がそもそも "何を目的とし何をもたらすのか" を問うことはない。

　教育実践は生身の子どもたちに向き合い続ける営みである。そこにいる子どもは1人として同じ存在ではないことから，標準化と体系化には大きな落とし穴が存在するといっていいだろう。

### （2）道徳教育のスタンダード化

　筆者が1年間にわたって道徳教育に関する校内研修の講師を委嘱された東京都板橋区の中学校では，道徳の授業は「授業のねらい（教えたい価値項目）」をまず板書してから始めるというスタンダードが徹底されていた。そのために学習者は授業の冒頭において，教師の意図するねらい（設定された徳目）を瞬時に理解し，それに沿った意見や感想を述べることが多かった。このような道徳科におけるスタンダード化が進行する理由の1つは「道徳科を実施することが目的とされ，そのための授業の方法や技術そして評価の仕方に焦点があてられ，道徳とは何か，道徳性を育むとはどういうことかという問いが深められることはない」（渡辺 2019）からである。

　また，筆者の大学の生徒の中には，次のような道徳教育の体験談をもつものもいた。

　　小中学校の道徳の授業では，私を含めクラスの多くの生徒は先生の求めているであろう答えを発表しました。小学校中学年くらいになれば，大人にどんな事を言えば気に入ってもらえるか，大体の子どもは分かっています。どうしてこのような事をしたかというと，他人と違う事を言って先生や周りの人につっこまれるのを避けるためだったり，自分の価値観を否定されることが嫌だったり様々です。私がそこで一番に学んだことは，お利口さんにしていれば面倒なことにならずにすむということです。（課題レポート「私の受けた道徳教育」，大学2年，2020.5.13提出）

　道徳教育をスタンダード化し，道徳とは何か，道徳性を育むとはどういうことかという問いを深めないままでは，このような感想を持つ若者を大量に再生産し続けることになるだろう。

### (3) 道徳教育に関する研究活動

　道徳とは何か，道徳性を育むとはどういうことかという問いに関しては「道徳教育研究会（モラロジー研究所）14)」「道徳授業スキルアップセミナー（東京学芸大学）15)」「人権を大切にする道徳教育研究会16)」など，様々な立場から全国的な規模で各種の道徳に関する研究活動が行われている。しかしそこには，家父長制や改憲につながる，旧家制度の復権や教育勅語の精神性支持など，個々に批判的検討が必要なものも多く含まれているので注意が必要である。

　第二次世界大戦後に誕生した民間教育研究団体や機関での研究動向にも注意したい。例えば，教育のつどい（旧・教育研究集会）や全国生活指導研究協議会（全生研）では早くから「道徳教育を考える分科会」等を設置し，日本生活指導研究所の研究紀要28集では「道徳の教科化を問う」を組むなど現場教師を中心とした積極的な研究が行われている。その他，教育関連雑誌では『生活指導』（全国生活指導研究協議会），『人間と教育』（民主教育研究所），『教育』（教育科学研究会）などにおいて度々道徳教育に関する特集が組まれている。それらの研究に共通しているのは，道徳教育とはそもそも何か，それが目指すものは何かを常に問いながら進められているという点である。道徳教育を論じる上でまず取り上げなければならないのは，実践に関する技術ではなく，このような道徳性に関する視点ではないだろうか。

## ❺　おわりに

　これまで，道徳教育は教師から生徒への一方的な授業で行われる傾向が強く，主に個人の内面に向かう規範意識の醸成がメインテーマとされてきた。つまり図1（p.132）で示したように公共の場におけるルール・マナー，個人の（望ましい）生き方の類に道徳教育が矮小化されている傾向が強い。しかし，そもそもの教育の目的は「人格の完成をめざし，平和的な国家及び社会の形成者（教育基本法第1条）」を育てることであり，生きるに値する自分を発見する道のりである。そして道徳教育は他者への共感性を基盤としながら「教室と世界は

つながっていること」を知り，「自分たちの手で社会（世界）を変えることが出来るという実感と見通し」を持つための教育活動であり，シティズンシップ教育であり，地球市民のための教育（渡辺 2014）そのものである。そしてそれは平和教育，人権教育，多文化共生教育，持続可能な開発のための教育（ESD），主権者教育など，社会に働きかける政治教育としての性格を強くもつものなのである。

　つまり道徳科の教育とは，異なる他者と共に生きる術を学び一人一人の心の中に生きる勇気と希望を育むと同時に社会の主体者（権利主体）として正当な権利を行使できる人間を育てることである。もちろん「教材選択・発問・柱立て・板書」など，道徳科実践に関する技術や方法論を論じることには意味があるし，これからも様々に研究は深められていくだろう。しかし，本稿で述べてきた通り，それが「なんのため」「だれのため」のものかを問い続けなければならない。

## 注

1）政治的イデオロギーに影響された道徳教育
2）文部科学大臣　松野博一（2016）いじめに正面から向き合う「考え，議論する道徳」への転換に向けて＜ https://ux.nu/0jF3B ＞（2020.5.10 閲覧）
3）いじめ問題の「解決」とは何かというそもそもの議論が必要であるが，ここでは認知件数の明らかな減少と重大事態の頻発がないことをもって解決に向かっていると認識する。
4）文部科学省（2019）平成 30 年度　児童生徒の問題行動・不登校等生徒指導上の諸課題に関する調査結果の概要＜ https://ux.nu/DIqUm ＞（2020.5.11 閲覧）
5）認知件数の増加については，調査方法の変更や文科省の指示の変化によるところが大きいので，急増しているというよりも，長きに渡って「高止まり」傾向にあるといっていいだろう。
6）厚生労働省　自殺対策白書＜ https://ux.nu/dti6Q ＞（2020.5.10 閲覧）
7）ARC 平野祐二の子どもの権利・国際情報サイト＜ https://ux.nu/7wdAo ＞（2020.5.10 閲覧）
8）ただし，文部科学省は一斉臨時休校の影響を考慮し，2020 年 4 月 16 日に実施予定の全国学力・学習状況調査（全国学力テスト）を取りやめると発表した。2020年度中に実施するか否かも含め，今後改めて検討するという。
9）参議院第 189 回国会請願の要旨＜ https://ux.nu/7NT3h ＞（2020.5.8 閲覧）

10）戦争，津波やハリケーンのような自然災害，政変などの危機につけこんで，ある
　　いはそれを意識的に招いて，人びとが茫然自失から覚める前に，およそ不可能と
　　思われた過激な市場主義経済改革を強行するアメリカとグローバル企業による
　　「ショック療法」のこと。ナオミ・クライン（2011）『ショック・ドクトリン（上）
　　惨事便乗型資本主義の正体を暴く』岩波書店．

11）ここで「側面」と限定的に述べたのは，何を「考え・議論」するのかという内容
　　論よりも，どう議論させるのかという方法論に陥る危険性があるからである。

12）マガジン9. 第496回：名付けられない空気の問題〜暴走する言葉〜の巻（雨宮処
　　凛）＜ https://maga9.jp/190925-2/ ＞

13）https://www.meijitosho.co.jp/detail/07744（2020.5.14 閲覧）

14）公益財団法人モロラジー研究所＜ https://www.moralogy.jp ＞（2020.5.18 閲覧）

15）第4回スキルアップセミナー＜ https://kokucheese.com/event/index/583224/ ＞
　　（2020.5.18 閲覧）

16）人権を大切にする道徳教育研究会＜ https://www.doutoku.info/about.html ＞
　　（2020.5.18 閲覧）

## 参考文献

・伊藤美好（2000）「国連・子どもの権利委員会」から日本政府への勧告のポイント＜
　http://www.itoh.org/io/kenri/kankoku.htm ＞（2020.5.10 閲覧）
・大和久勝，今関和子，笠原昭男（2019）『いじめ・ジェンダーと道徳教科書―どう
　読む，どう使う』クリエイツかもがわ．
・菊地真貴子（2018）「天野貞祐の道徳教育論の展開と課題」『白鷗大学 教育学部論集』
　11（4），pp.41-60.
・横井敏郎（2014）「学びの空洞化を超えて：高校教育再構築の課題」『教育』教育
　科学研究会編（827）pp.5-11.
・宮澤弘道（2019）「「中断読み」で道徳教科書を無力化する―子どもの内面に介入
　しない授業―」『社会運動』No.434 市民セクター機構．
・渡辺雅之（2019）「子どものリアルと現実に呼応する道徳教育―共に学ぶ道徳への
　転換―」『人権と部落問題』2019 年 11 月号．
・渡辺雅之（2018）『「道徳教育」のベクトルを変える―その理論と指導法―』高文研．
・渡辺雅之（2014）『いじめレイシズムを乗り越える「道徳教育」』高文研．

## 2　へき地教育に関する研究動向
―へき地・複式教育における指導法の変遷とパラダイム転換―

北海道教育大学　**境　智洋**

## ❶　はじめに

　本稿の課題は，へき地教育に関する研究動向について概観することである。しかし，へき地教育に関する研究は多岐に渡り，すべてを把握することは難しい。へき地教育のマイナス面を取り上げる研究が多い中，玉井（2002）は，「へき地・小規模校の場合はその学校環境・地域環境を，都市部よりも遅れたものととらえるのではなく，それを積極面としてとらえつつ，へき地の特性を生かした教育をしていかねばならない」（p.1）とへき地教育のパラダイム転換の可能性を論じた。

　本稿では，へき地教育のパラダイム転換に視点をあて，教育動向を概観していく中で，世間一般では「不便で恵まれない地域で行われる教育」といったマイナスイメージをもたれがちなへき地教育から我々が学ぶべきことを論じていく。まず，❷戦後のへき地教育の概観では，日本が戦後，へき地教育においてどのように学習指導が行われ，その指導法にどのような改善を行ってきたか，その過程を整理することから始める。❸現代の教師がへき地教育から学ぶ意義では，現代のへき地教育が，都市部の教育と比べて，劣っていることを問題とするのではなく，へき地教育から何を学び，日本の教育経験から何を生かしていくことができるかをいくつかの視点に分け，そこからどのような示唆を得るかを論じていく。❹へき地教育のパラダイム転換と教員育成の意義では，へき地・複式教育を支えていく教員を育成する視点からどのような示唆を得るかを示して論じていく。

## ❷　戦後のへき地教育の概観

### （1）へき地とへき地教育のイメージの転換

　「へき地」は漢字で僻地と書かれていた。「僻る（かたよる）」「僻む（ひがむ）」，さらに僻は「さける」「ゆがんだ考え」などの意味を持ち，よい意味では使われてこなかった。また，1954年に制定された「へき地教育振興法」第二条には「『へき地学校』とは，交通条件及び自然的，経済的，文化的諸条件に恵まれない山間地，離島その他の地域に所在する公立の小学校及び中学校（後略）」と記載されている。へき地が，戦後，経済発展から取り残された地域であり，へき地教育というのは，不便で恵まれない地域で行われる教育というマイナスイメージを有してしまった。へき地教育振興法成立と同じ年，北海道学芸大学僻地教育研究所が誕生し，へき地教育に関する研究が進められた。当時の研究紀要「僻地教育研究」に掲載された研究は，都市部に比べて遅れた様々な側面を明らかにし，遅れた側面をどのように引き上げて，へき地性を解消していくかという傾向が強かったといえる。

　1958年，「公立義務教育諸学校の学級編制及び教職員定数の標準に関する法律（義務標準法）」が成立し，その後の教職員の定数改善計画とともに，全国の学校における学級編制の人数及び，単級複式学級の改善がなされた。この義務標準法によって，単級（6個学年1クラス）や3 〜 5個学年複式が解消され，1974年以降は基本的に小学校，中学校は単式もしくは2個学年複式を用いた学級編制となった。

　高度経済成長後の1970年代後半には，道路や住環境などのインフラの改善，通信機器の発達による情報網の拡張によりへき地の環境も大きく変わっていく。さらに，2000年代になると，インターネット等の発達，携帯電話の普及により全国的に同時に情報が授受できるようになる。ビルが建ち並び，あらゆる物が目の前にあるなどの物質的な優位差はあるものの，へき地といわれる地域が閉ざされた地域ではなくなってきた。へき地教育が行われる地域のイメージは大きく変わってきたといえる。

## （2）へき地教育における教科指導法の変遷

　へき地教育は，多くが少人数指導であり，少人数ゆえに複式学級である場合がある。その教育法の特色は，「（ア）異学年・異能力のクラス編制」「（イ）直接指導と間接指導を交互にわたる学習指導」「（ウ）間接指導における児童・生徒による自主的な学習」にある。以下，へき地・複式教育の指導法の変遷とその特色を概観する。

　1955年頃のへき地・小規模校の教科指導法は「同時・同教科・同教材・同程度」から「同時・同教科・異教材」へと変化しつつあった（志賀 1955）。文部省（現：文部科学省）は，複式授業の教科指導法として，同題材指導（文部省 1956），2個学年同単元指導（文部省 1973）など，2個学年の指導について，できる限り同単元又は，同分野の単元（例えば，長さで学年の扱いが違う分野や，計算の分野を合わせる）で単元計画を組む方法を提案している。また，教師の指導の困難を軽減するために，複式の単式化を図る指導法も確立していく（吉田他 1958）。2年間で2学年分の学習をする方法（同単元同内容）は，「同内容指導」と，「類似内容指導」に分けられた。「同内容指導」は「ＡＢ年度方式」「完全一本案」があり，Ａ年度（1年次）とＢ年度（2年次）の2年間で上下学年の指導内容を履修する方法と，2学年分の指導内容を合わせ，1年間で指導する方法がある。「類似内容指導」は，教科の同じ領域や分野を組み合わせて，できる限り共通の指導ができるようにした指導計画である（全国へき地教育研究連盟 1983）。

　また，学年別指導の授業研究も進められた。その指導形態は，直接指導と間接指導となっており，間接指導になった際の学習方法は「個別学習」，学級内での「ペア」「グループ」「リーダー」「ガイド」などの学習法がある。また，時には他校と連携して行う合同学習・集合学習・交流学習などがある（北海道教育大学 2014）。さらに，指導過程において戦前から派生的に広まった「導入」「展開」「まとめ」の3段階は，北海道教育研究所連盟（1979）が指導案作成における基本的な学習の指導課程を検討し，6段階として示した。「学習のアプローチ」「課題設定（提示・発見）」「解決努力」「定着，習熟」「応用」「評価」

で1時間の指導案の指導過程を示し，以後，道内で授業研究が展開された。このとき，複式学習の指導として6段階を簡素化した「課題設定」「解決努力」「定着」「習熟・評価・発展」の4段階を示した。

　このように，2個学年以上を指導する際の指導方法や学習形態，また指導過程が，日本の教育経験として複式学級をもつ学校，地域，支える研究者によって改善・工夫がなされてきた。また，全国の複式学級を持つ学校では，授業運営方法や，教材教具等で様々な研究に取り組んでいる。たとえば，ガイド学習は，北海道の浦河町立絵笛小学校から始まった（絵笛小学校 1952）。間接指導の際，児童・生徒の中から選ばれたガイド（学習の案内役）が教師の指導の下，学習進行計画に従い，リードしながら相互に協力し学習を進めるシステムである。このシステムは北海道学芸大学との共同研究で実践検証され，広まった（奈良他 1963）。しかしながら，全国の授業実践研究は，研究会等での紀要で一部観ることはできるものの，学校内や地域内に閉じているために全容は把握することができていない。そして厳密には，整理分析による研究もさらに必要である。

## ❸ 現代の教師がへき地教育から学ぶ意義

　へき地教育の指導法・授業形態は，へき地教育のマイナス面を改善することに主眼が置かれてきた。しかし，現代において，このマイナス面をプラス面にとらえることにより，へき地教育が，「日本の教育改革の先進地として位置付けることができる」こと，「地域を生かした特色あるカリキュラムの創造を積極的に追求していくこと」が重要であること（玉井 2002）がみえてくる。ここでは，へき地教育から何を学ぶことができるのか。へき地教育の特色のうち「(1) 異学年・異能力の児童・生徒が一緒に学ぶこと」「(2) 間接指導の際に自主的な授業が展開されること」，「(3) 豊かな自然環境の中で地域と密接な関わりがあること」をプラスにとらえる視点を概観する。さらに，へき地教育の改善を目指した日本の教育経験をプラスにとらえ「(4) へき地教育における教育

経験を途上国の教育に生かすこと」さらに，「(5) アラスカのへき地教育から新たな視点を導入すること」，これらの視点について概観する。

## (1) 異学年・異能力の児童・生徒が一緒に学ぶこと

　日本では単式教育を主とし，へき地教育において，少人数ゆえにやむを得ず複式教育を導入している。しかし，世界に目を向けると，積極的に異学年異年齢による教育を導入している国があり，先進的な取組も行われている。複式学級を積極的に導入しようとする取組は，今後の教育研究にとっての新たな視点となる。

　異学年による学習については，イエナプランの研究が進められている。田中 (2019) は，学校実験の試みによる「読み散歩」の実践例を報告し，異学齢混交を効果的に用いることで，多様な視点の促しや対話的な学習に成果をもたらすことを論じ，作田ら (2020) は，異年齢対話に関するコミュニケーション的行為の効果について論じた。一方，亀山・境 (2013) は，アメリカ・アラスカ州フェアバンクス市のChinook Montessori Charter School（チヌーク学校）における3個学年複式授業の特色と，学力向上に関して論じた。このチヌーク学校は幼児期の指導の重要性，週の自主学習の計画及びその評価の仕組み，自主学習と1人の教師が3個学年を指導する際の直接学習の在り方に特色があり，フェアバンクス市内で学力トップ校となっている。いずれも，異学年クラスをマイナスとしてとらえず，積極的に異学年・異能力でつくるクラスの利点を取り入れた成果である。今後，異学年が1つのクラスで学習する研究がさらに進められる可能性があるとともに，異学年ゆえの指導法が盛んに研究されることになる。その際は日本のへき地教育から示唆を得ることが多くなるだろう。

## (2) 間接指導の際に自主的な授業が展開されること

　へき地教育における複式授業の際には，児童生徒が自主的に学習する間接授業が生じる。この間接指導をプラスにとらえることで，主体的・対話的で深い学びを目指す授業を実現する示唆が含まれているといえる。中妻 (2017) は，複式授業の利点は，教師と子ども，子ども同士のふれあいとかかわり合いであること，笹屋 (2019) は，間接指導の際には，子どもたち同士で共同調整を行

い，次の学習方法や学習課題を決定していることをみいだした。両者とも子ど
も中心の主体的な授業は間接授業の際の授業方法から示唆を得らえることを示
している。さらに，田島・村上（2006）は，知識や技能の確実な定着を図るに
は，少人数の方が優れていることを報告し，効果的に複式のグループ指導を行
うことにより学力向上を図ることができることを論じた。また，複式の指導法
は，学校教育に留まらず，日本語教育での漢字指導における能力差のあるグル
ープ学習での指導法にも効果があることも示されている（高畠・濱田 2010）。

　このように，複式授業は，異学年で，異能力・異学力のために，一斉授業で
は対応できない授業の展開が必要となる。この複式の考え方は，単式学級であ
っても，個に応じた学習を進める際，さらには，能力差が大きい児童・生徒の
いる学級の場合など，複式の授業形態を活用することで，新たな授業づくりが
展開される可能性がある。さらに，リーダー学習やガイド学習から学ぶ「学習
リーダー」の存在も大きい。複式授業における間接指導の時間は，教師不在と
なる。児童・生徒が数人のグループや学年集団の学習となった際，教師以外の
児童・生徒がとりまとめる役を担う必要がある。このように間接授業における
リーダーを活用する指導法の研究は，自主的な学習を促す授業づくりや，今後，
探究的な学習を進める際のプロジェクト学習など，課題が多様となった際の取
組として生かされる可能性がある。

### (3) 豊かな自然環境の中で地域と密接な関わりがあること

　2018年の学習指導要領の改訂により現代的な諸課題に対応した内容を教科
横断的な視点で組み立てていくことが示された。へき地学校は，都市部から離
れ，豊かな自然と触れあえる環境にある。また，学校と地域が密接であること
が特色である。少人数ゆえに，機動力のある取り組みが展開できることから，
様々な教育課題を先進的に研究でき，実践から示唆を見いだすことができる。

　「環境に関すること」「海洋に関すること」で北海道での実例を挙げると，知
床の自然や河川環境・魚類など地域の自然や人々の営みを探り理解を深める教
材の開発（高嶋・奥山 2009）や，道内の外来種（ウチダザリガニ）の問題を
取り上げた教材の開発（山内他 2012），高等学校における地域に根ざした環境

教育の報告（武田 2012），音威子府村の地域的特色を取り上げた教材開発（金 2016），さらに，釧路町昆布森におけるコンブ漁の教材化（伊畑他 2016）や，二酸化炭素排出量を算出するフード・マイレージ買い物ゲームの教材化（小野他 2016）などが上げられる。

「伝統や文化に対する教育」「郷土や地域に関する教育」では，例えば地域伝承文化活動を学習活動の一環として取り上げ，学校教育が地域の文化の継承に多大な貢献をしていることを取り上げた事例（宮前 2012，2014）や，子どもたちが将来も住み続けたい町づくりを，地域，学校，NPO，大学等と連携して取り組んでいる浦幌町の取組（宮前 2013），奉納相撲と学校教育を結ぶ取組事例（越川・小出 2019）などがある。

その他インクルーシブ教育の実現のために，羅臼，標津，津別の各町の共生社会の形成に向けたインクルーシブ教育システムモデルの研究（二宮・服部 2016）や，教科における交流及び共同学習からインクルーシブ教育の実現に向けた手がかりを抽出する研究（阿部他 2019）がある。これら先進的に取り組んだへき地学校の授業実践研究から示唆を得て，総合的な学習の時間を柱に，教科横断的な取組が広がる可能性がある。新たな教育課程の創造も可能であろう。

## （4）へき地教育における教育経験を途上国の教育に生かすこと

2015年に国際連合は持続可能な開発目標（SDGs）を策定し，「すべての人に包摂的かつ公平で質の高い教育を提供し，生涯学習の機会を促進する」という新たな教育目標（SDG4）を掲げた。世界子ども白書2017（unicef 2017）において，地域別にみると，ヨーロッパと中央アジア及びラテンアメリカ・カリブ海諸国では初等教育における就学率は大きく90％を超えた。これらの地域は残り10％程度の不就学をどう促進させるか，さらに教育の質的な向上が課題となる。この不就学層は，へき地の子どもたちや，少数民族の子どもたちなど地理的，経済的，社会的，文化的な背景から就学が困難な子どもたちであるという（山口 2003）。

ロンドン大学アンジェラ・リトルは世界の複式学級の現状や，教授法につい

て調査し，グローバルな研究プログラムの必要性を主張した（Little 2001）。教育の質的向上における課題では，施設整備，教材・教具の不足，教員数の不足などとともに，教育内容と教員の資質の問題，さらに，指導方法の在り方も挙げられている。教科書があっても，教員の一方的な講義や，暗記，さらには黒板を写すだけの授業など，子どもたちの授業への主体的な参加がない状況もあるという点も述べられている。そのような状況は現在も実際にみることができる。

　2017年に筆者は，中米ニカラグアを訪問し1学校に1つの教室，1年生〜6年生，計19名の6個学年複式授業の授業を参観した。教師が，学年毎にわたり，授業は行われているが，教員が不在になり間接指導になった際には，子どもたちが遊び出す。45分授業で6個学年を指導することはほぼ不可能に近く，一部の学年は授業の流れから抜け落ちてしまう。また筆者らは，ラオスルアンパバーン県パクセン郡のバンボー小学校を2019年12月に訪問したが，校舎には2教室しかなく，高学年3個学年の複々式授業では4年生1名，5年生4名，6年生4名で算数の授業が行われていた。間接指導において，子どもへの指示がうまくされないと，子どもたちは遊び始めてしまう。

　このような途上国における，へき地学校の授業に関した報告例は少ないが，大津（2007）は，エチオピアの現状，鈴木（2008）は，ネパールの状況を報告している。いずれの報告からも，途上国のへき地ではかなりの数の学校で複式教育が展開されるが，いずれは単式学級に移行させるべきであるとして，複式学級のポジティブな面については教育行政には認識されていない。そのため，教師も，教育関係機関も複式教育をネガティブにとらえ，教育効果があがらないことを指摘している。都市部との格差が顕著なへき地教育の改善は途上国において解決されなければならない課題である。日本がこれまで直面し解決に向けて取り組んできたへき地教育の取組が，途上国のへき地の課題との共通性があると前提とした場合，過去の様々な教育研究が途上国の教育改善に役立つといえる。

　第二次世界大戦後，へき地教育振興法が成立する過程における様々な政策と

その取組は，現在，途上国が抱える問題状況を，日本の経験から検討することも可能であることを齊藤（2004）は言及した。さらに，村田（2003）は，日本の教育開発の経験を1つのモデルとして考えるならば，途上国の教育段階を日本の教育開発の経験に照らし合わせ，日本で実施した施策や具体的な取組を紹介し，必要に応じてその中の取組を教育協力として実施していくことが可能となるという。鈴木（2015）は，途上国支援はカリキュラムの内容そのものに対する支援ではなく，メカニズムの調整であると言及している。現地のニーズさえきちんと把握できれば，大きな貢献が出来る可能性を秘めているという。現在，高知大学及び北海道教育大学はJICA課題別研修「子どもの学びを保障するへき地教育の振興A/B」（JICA 2020a），公益社団法人シャンティ国際ボランティア会は「ラオス北部地域の教員養成校指導教官の能力強化を通じた，複式学級運営改善事業」（JICA 2020b）を行うなど日本のへき地教育の経験を再度検討し，その研究成果を途上国への支援に発信，活用している。今後も途上国の現状把握とともに，日本の教育経験を生かし，改善へ向けた研究が進められる可能性がある。

## （5）アラスカのへき地教育から新たな視点を導入すること

　アメリカ・アラスカ州の教育からへき地教育を見直す動きもある。北海道とアラスカは北方圏に位置する。先住民族，寒冷，広大な土地など，様々な共通点がみられ，共に人口密度が低いために学校が点在し，へき地校が多い。アラスカの教育はこのような類似性をもつ北海道に新しい教育活動の可能性を広げてきた。アラスカ大学には，大学教員，先住民（文化に詳しい古老），アラスカ地域住民の共同によってAlaska Native Knowledge Network（ANKN）の結成を支援し，その中心的役割をするセンターがある。ここでは，へき地先住民の教育内容やカリキュラム開発の研究，へき地の教師育成を行っている。また教員養成カリキュラムには，へき地教育を学ぶ科目が設定されている。

　アラスカ教育の特色である「場所に根ざした教育（Place-Based Education）」からも示唆を得ることができる。山根（2019）は，ANKNを中心とするアラスカ学校カリキュラム改革の構想と展開に着目し，2つの知識体系（ネイティブ

の知識体系と，西洋由来の知識体系）を統合することを「文化的応答性のある教育」として学校カリキュラム構想に位置付けられていることを示した。この成果として教育経験の質を高めることと共に生徒の学力を高めてきたことを報告している。また，境（2019）ではアラスカで行われているサイエンスフェアが，児童生徒の探求活動を促し，個々の問題解決能力の育成に役立っていることを論じた。サイエンスフェアの取組を応用し，釧路地区では研究ボードを用いた小学校の探求活動が始まり，へき地の子どもたちを巻き込んだ児童の探求活動の取組を広めている。早勢（2016）は，アラスカの数学テキストVillage Mathの特色や小規模校（サルチャ小学校）の数学の取組を紹介し，地域に根ざした教材教具のあり方を論じた。北海道教育大学釧路校・旭川校教員がアラスカのへき地教育からの示唆をまとめている。川前他（2016）ではへき地の算数，科学，芸術科目の教具をデリバリーするシステム「サイエンスキット」の取組，遠隔地と教育委員会を結ぶテレビ交信授業（衛星通信）の取組や，インクルーシブ教育が積極的にとりいれられているへき地の取組の成果を報告し，日本の教育への応用について論じている。今後も，アラスカに限らず，諸外国のへき地教育の研究が進められることにより，日本の教育に示唆を与える研究が進められる可能性がある。

## ❹　へき地教育のパラダイム転換と教員育成の意義

　最後に，へき地教育の担い手としての教員養成段階での体系的な養成プログラム研究についてとらえる。教員養成系大学の学生は，へき地やへき地教育については，マイナスイメージが強く，講義等でプラス面を語っても，なかなかそのイメージを払拭できない。ゆえに，体系的にへき地に関わる教育実習に取り組むことで，学生の意識を変える研究が進められてきた。学部のへき地教育に関する講義でのネガティブ意識からポジティブ意識への転換を図った学生の意識変化の研究（川前 2010），新入生の体験実習によるへき地教育への教育効果の研究（川前 2009），へき地教育実習による学生の意識変化を総合的，体系

的にみた研究（川前 2015），へき地・複式教育実習による学部生の教育実践力の育成の研究（豊田 2016）や，教職大学院による学部から進学した学生と，現職教員学生の共同による離島実習の成果の研究（山元・奥山 2020）などがある。

　川前（2019）は，「へき地校体験実習を終えた学生は，へき地・小規模校教育の担い手意識をもち，少人数のマイナス面を克服するための工夫，及び少人数の良さを伸ばす工夫を通じて，へき地，小規模校の良さを伸ばす方法をとらえた」と成果を挙げた。今後も，へき地教育実習を実施した学生の変容及び教職に与える影響についての裏付けデータが蓄積され，今後の研究の深化が期待できる。へき地学校の良さを生かして教育活動を意欲的に展開できる若手教師を増やしていくことは，ポジティブに赴任地をとらえ，地域と連携し，地域を生かした教育活動を実践することが期待できる。

## ❺　おわりに

　へき地教育の研究動向の概要を羅列的に捉えてみた。現在，少子化にともない全国の学校で小規模校が増えている現実からすると，へき地学校の特色であった小規模な学校が都市部を含めて例外的な存在ではなくなりつつある。ゆえに，へき地教育の基本的な教育の特性を都市部の小規模校に応用していくことが求められる。また，へき地学校の特性をとらえ，今後の教育活動へ応用する研究が進められることで，日本の教育の課題を解決する示唆を与えることができる。さらに，日本の教育経験は，それぞれの途上国の状況に合わせて再構成することで教育支援につながる。つまり，へき地教育が日本の教育，世界の教育の重要な鍵を握っている。

　最後に，本論をまとめるにあたって北海道教育大学へき地・小規模校教育センター及び日高教育研究所から数多くの資料を提供頂いた。また，北海道教育大学へき地・小規模校センター副センター長である川前あゆみ氏には本稿作成に対し助言を頂いた。ここに感謝申し上げる。

## 参考文献

- Angela W. Little（2001）「Multigrade teaching: towards an international research and policy agenda」International Journal of Educational Development 21（2001），pp. 481-497.
- Unicef（2017）「世界子ども白書 2017 デジタル世界の子どもたち」〈https://www.unicef.or.jp/sowc/sowc.html〉，表 5，教育指標（2020 年 4 月 10 日閲覧）.
- JICA（2020a）「「子どもの学びを保障する」へき地教育の振興― SDGs の達成に向けて」〈https://www.jica.go.jp/activities/schemes/tr_japan/summary/lineup2019/sector/ku57pq00002jvp0e-att/201984366_j.pdf〉（2020.4.10 閲覧）.
- JICA（2020b）「ラオス北部地域の教員養成校指導教官の能力強化を通じた，複式学級運営改善事業」〈https://www.jica.go.jp/partner/kusanone/partner/lao_23.html〉（2020.4.10 閲覧）.
- 阿部美穂子・中田紗英・松田麻美（2019）「へき地小規模校の授業から抽出されるインクルーシブ教育の実現要因」北海道教育大学　学校・地域教育研究支援センターへき地教育研究支援部門『へき地教育研究』73，pp.53-68.
- 大津和子（2007）「エチオピアへき地における教育開発：複式学級の意義と課題」北海道教育大学へき地教育研究施設『へき地教育研究』62，pp.41-49.
- 伊畑智波・奥山洌・髙嶋幸男・広重真人（2017）「北海道東部昆布森におけるコンブ漁の教育内容研究とその授業プラン及び授業実践の検討：" 持続可能なコンブ漁 "とは何か」北海道教育大学　学校・地域教育研究支援センターへき地教育研究支援部門『へき地教育研究』71，pp.41-70.
- 浦河町立絵笛小学校（1952）「ガイド学習―核づくりの教育理論と実践―」日高教育研究所，pp.1-46.
- 小野光彩・菊地洸大・簱紀宏・神谷香奈絵・柴田真由子・野村卓（2017）「へき地小規模校を念頭においた ESD 教材としてのフード・マイレージの課題と可能性」北海道教育大学　学校・地域教育研究支援センターへき地教育研究支援部門『へき地教育研究』71，pp.71-83.
- 外務省（2020）「諸外国・地域の学校情報」（平成 29 年 10 月更新情報）ラオス人民共和国〈https://www.mofa.go.jp/mofaj/toko/world_school/01asia/infoC12100.html〉（2020年 4 月 10 日閲覧）.
- 川前あゆみ（2009）「へき地・小規模校の 1 日訪問による学生の意識と端緒的教育効果」北海道教育大学　学校・地域教育研究支援センターへき地教育研究支援部門『へき地教育研究』63，pp.11-22.
- 川前あゆみ（2010）「学生のへき地意識のパラダイム転換と意識変化：へき地教育論講義内のマイナス・プラス意識転換の取り組みを通じて」北海道教育大学　学校・地域教育研究支援センターへき地教育研究支援部門『へき地教育研究』65，pp.23-32.

・川前あゆみ（2015）「教員養成におけるへき地教育プログラムの研究」学事出版.
・川前あゆみ・玉井康之・二宮信一他（2016）『アラスカと北海道のへき地教育』北樹出版.
・川前あゆみ・玉井康之・二宮信一（2019）「豊かな心を育む　へき地・小規模校教育　少子化時代の学校の可能性」『へき地教育プログラムの構造化の意義と若手教師の成長』学事出版，pp.188-197.
・亀山愛友，境智洋（2013）「アラスカ州フェアバンクス市 Chinook Montessori Charter School におけるマルチクラスの研究」北海道教育大学釧路校研究紀要『釧路論集』45，pp.35-47.
・金玹辰（2016）「地域特色を生かした社会科教材作成のための課題─音威子府村を事例に─北海道教育大学　学校・地域教育研究支援センターへき地教育研究支援部門『へき地教育研究』70，pp.37-45.
・越川茂樹・小出高義（2019）「地域行事と学校学習を紡ぐカリキュラムづくりの展望」北海道教育大学　学校・地域教育研究支援センターへき地教育研究支援部門『へき地教育研究』73，pp.1-8.
・齊藤泰雄（2004）「へき地教育振興のための政策と取り組み─日本の経験─」『国際教育協力論集』7 巻第 2 号，pp.25-37.
・境智洋（2019）「「総合的な学習の時間」の探究的な学習のための一方策：アラスカ・サイエンスフェアの取り組みから学ぶ」北海道教育大学釧路校研究紀要『釧路論集』51，pp.61-72.
・作田澄泰・中山芳一（2020）「多面的・多角的な思考に根ざした教育原理の考察─イエナプラン教育事例をもとにした教育方法から─」『岡山大学教師教育開発センター紀要』10，pp.1-16.
・笹屋孝允（2019）「児童の主体的な学習における共同調整・共同決定のプロセス─複式学級の授業に着目して─」三重大学教育学部研究紀要『教育実践』70，pp.397-405.
・志賀匡（1955）「僻地の小さな学校の教育の問題點」北海道学芸大学僻地教育研究所『教育研究紀要』4，pp.71-98.
・新畑結香・高嶋幸男・奥山冽・瀬尾哲也（2018）「北海道東部における酪農の教育内容研究とその授業プランおよび授業実践の検討─君はどちらの経営を選択するか─」北海道教育大学　学校・地域教育研究支援センターへき地教育研究支援部門『へき地教育研究』73，pp.37-52.
・鈴木隆子（2008）「日本とネパールの小学校における複式学級の現状比較」『南山大学国際教育センター紀要』，p9，pp.50-70.
・鈴木隆子（2015）「複式学級─途上国農村における教育普及の救世主」ユネスコ国際教育政策叢書10『途上国における複式学級』東信堂，pp.9-18.
・全国へき地教育連盟（1983）「みんなが知りたいへき地・複式教育用語集（新版）」.

・ 高嶋幸男・奥山洌（2009）「学習教材「サケのライフサイクル／サバイバル・ゲーム」の開発」北海道教育大学　学校・地域教育研究支援センターへき地教育研究支援部門『へき地教育研究』63，pp.39-69.
・ 高畠智美・濱田美和（2010）「複数レベルの学習者を対象とした漢字クラスの授業改善及び教材開発：学習者の学びの活性化のための試み」『富山大学留学生センター紀要』，p9，pp.9-18.
・ 武田泉（2012）「道内高校における地域に根ざした特色ある環境教育活動の展開と地域特性との関連性：都市部と地方郡部の差異に着目して」北海道教育大学　学校・地域教育研究支援センターへき地教育研究支援部門『へき地教育研究』66，pp.111-123.
・ 田島與久，村上浩一朗（2006）「少人数指導の在り方に関する一考察— へき地・小規模学校及び中・大規模学校における取り組みの工夫—」北海道教育大学へき地教育研究施設『へき地教育研究』61，pp.31-35.
・ 田中怜（2019）「改革教育学の批判的継承としての学校実験「イエナ–プラン・ヴァイマール」（Schulversuch "Jena-Plan Weimar"）—生活との差異に基づく授業の構想とその実践—」日本教育方法学会『教育方法学研究』44，pp.61-72.
・ 玉井康之（2002）「現代におけるへき地教育の特性とパラダイム転換の可能性」北海道教育大学へき地教育研究施設『へき地教育研究』57，pp.1-5.
・ 豊田充崇（2016）「教育学部学生の教育実践力向上を目指した小規模学校における滞在型教育実習・体験活動の成果と課題」『和歌山大学教育学部附属教育実践総合センター紀要』26，pp.1-9.
・ 中妻雅彦（2017）「子ども中心の授業実践に生かすへき地小規模校教育の可能性」北海道教育大学へき地教育研究施設『へき地教育研究』72，pp.11-18.
・ 奈良一三・泉田利人（1963）「僻地母子里とその教育実験」北海道学芸大学僻地教育研究所『僻地教育研究』17，pp.1-78.
・ 二宮信一・服部健治（2016）「へき地の特性を見据えた「地域型インクルーシブ教育」の理論と方法〜社会資源の少ない地域におけるインクルーシブ教育構築のための試論〜」北海道教育大学　学校・地域教育研究支援センターへき地教育研究支援部門『へき地教育研究』70，pp.63-77.
・ 早勢裕明（2016）「複式学級における算数科の授業改善について（2）—「本当らしい問題」と「確認問題」による授業作りを通して—」北海道教育大学　学校・地域教育研究支援センターへき地教育研究支援部門『へき地教育研究』70，pp.9-22.
・ 北海道教育研究所連盟（1979）「学習指導の改善」北海道教育研究.
・ 北海道教育大学学校・地域教育研究支援センター（2014）「複式学級における学習指導の手引」.
・ 宮前耕史（2012）「北海道道東地方における「地域伝承文化」「地域伝承文化教育活動」

研究の課題と展望：根室市珸瑶瑁地区における「珸瑶瑁獅子神楽保存会」「珸瑶瑁獅子神楽子供会」の事例から」北海道教育大学　学校・地域教育研究支援センターへき地教育研究支援部門『へき地教育研究』66，pp.125-140.

・宮前耕史（2013）「「うらほろスタイルふるさとづくり計画」の成り立ちとその現代的意義：「地域に根ざした学校」論・「地域に根ざした教育」論の立場から」北海道教育大学　学校・地域教育研究支援センターへき地教育研究支援部門『へき地教育研究』67，pp.31-54.

・宮前耕史（2014）「地域の再生と地域伝統文化・学校教育：岩手県・大槌町における「ふるさと科」の創造と吉里吉里中学校の「郷土芸能伝承活動」」，北海道教育大学　学校・地域教育研究支援センターへき地教育研究支援部門『へき地教育研究』68，pp.49 -61.

・村田敏雄（2003）「開発途上国における日本の教育経験の応用に向けて」国際協力総合研修所『日本の教育経験—途上国の教育開発を考える』，pp.179-189.

・文部科学省（2018）「中学校学習指導要領解説　総則編」東山書房，pp.200-245.

・文部省（1956）「複式学級の学習指導計画例—小学校 3，4 学年算数科」東洋館出版社，pp.1-110.

・文部省（1973）「複式学級における算数指導事例集—基本的菜考え方及び第 1・2 学年」東洋館出版社．

・山内健・奥山洌・高嶋幸男・水口拓真（2012）「「環境」に関する子どもの知識と自覚を高める方法について：自然豊かなへき地・小規模校におけるニホンザリガニの生態に焦点を当てた授業プランの提案と実践の検討」北海道教育大学　学校・地域教育研究支援センターへき地教育研究支援部門『へき地教育研究』66，pp.57-77.

・山口直子（2003）「開発途上国の教育課題」国際協力総合研修所『日本の教育経験—途上国の教育開発を考える』，pp.1-7.

・山根万里佳（2019）「「場所に根ざした教育（Place-Based Education）」の理論と実践—アラスカにおける文化応答性のある科学カリキュラム構想に着目して—」日本教育方法学会『教育方法学研究』44，pp.49-59.

・山元卓也，奥山茂樹（2020）「教職大学院における離島実習の在り方に関する一考察」『鹿児島大学教育学部教育実践研究紀要』29，pp.197-206.

・吉田三郎，渡辺善八（1958）「僻地学校における教育課程と学習指導法の研究」北海道学芸大学僻地教育研究所『僻地教育研究』6 巻第 3 号　通巻 11，pp.1-6.

・渡辺規矩郎（2017）「ガイド学習（学び合い学習）と仲村貞子：学校現場からの教育改革：想起データ分析（6）」『奈良学園大学紀要』7，pp.153-166.

# 日本教育方法学会会則

### 第1章　　　総　　則

第1条　本会は日本教育方法学会という。

第2条　本会は教育方法（教育内容を含む）全般にわたる研究の発達と普及をはかり，相互の連絡と協力を促進することを目的とする。

第3条　本会に事務局をおく。事務局は理事会の承認を得て，代表理事が定める。

### 第2章　　　事　　業

第4条　本会は第2条の目的を達成するために，下記の事業を行う。

    1．研究集会の開催

    2．機関誌および会報の発行

    3．研究成果，研究資料，文献目録，その他の刊行

    4．他の研究団体との連絡提携

    5．その他本会の目的を達成するために必要な事業

### 第3章　　　会　　員

第5条　本会の会員は本会の目的に賛同し，教育方法（教育内容を含む）の研究に関心をもつものによって組織する。

第6条　会員は研究集会に参加し，機関誌その他の刊行物においてその研究を発表することができる。

第7条　本会の会員となるには，会員の推せんにより入会金2,000円を添えて申し込むものとする。会員は退会届を提出して退会することができる。

第8条　会員は会費年額8,000円（学生会員は6,000円）を納入しなければならない。
　　　過去３年間にわたって（当該年度を含む）会費の納入を怠ったばあいは，
　　　会員としての資格を失う。

## 第4章　　　組　織　お　よ　び　運　営

第9条　本会には以下の役員をおく。

　　　　　　代 表 理 事　１　名
　　　　　　理　　　　事　若干名（うち常任理事　若干名）
　　　　　　事 務 局 長　１　名
　　　　　　事務局幹事　若干名
　　　　　　監　　　査　２　名

第10条　代表理事の選出は理事の互選による。理事は会員のうちから選出し，理
　　　　事会を構成する。常任理事は理事の互選により決定し，常任理事会を組織
　　　　する。事務局長は理事会の承認を得て代表理事が委嘱する。事務局幹事は
　　　　代表理事の承認を得て事務局長が委嘱する。監査は総会において選出する。

第11条　代表理事は本会を代表し，諸会議を招集する。代表理事に事故あるとき
　　　　は，常任理事のうちの１名がこれに代わる。理事会は本会運営上の重要事
　　　　項について審議し，常任理事会は会の運営，会務の処理にあたる。事務局
　　　　は事務局長および事務局幹事で構成する。事務局は庶務および会計事務を
　　　　分掌し，代表理事がこれを統括する。監査は本会の会計を監査する。

第12条　各役員の任期は３年とする。ただし再任を妨げない。

第13条　総会は本会の事業および運営に関する重要事項を審議し，決定する最高
　　　　の決議機関である。総会は毎年１回これを開く。

第14条　本会に顧問をおくことができる。顧問は総会において推挙する。

第15条　本会は理事会の議を経て各大学・学校・研究機関・地域などを単位とし
　　　　て支部をおくことができる。支部は世話人１名をおき，本会との連絡，支
　　　　部の会務処理にあたる。

## 第5章　　　会　　計

第16条　本会の経費は会費・入会金・寄付金その他の収入をもってこれにあてる。

第17条　本会の会計年度は毎年4月1日に始まり，翌年3月31日に終わる。

### 付　　則

1．本会の会則の改正は総会の決議による。

2．本会則は昭和39年8月20日より有効である。

3．昭和40年8月23日一部改正（第3条・第8条）

4．昭和48年4月1日一部改正（第8条）

5．昭和50年4月1日一部改正（第8条）

6．昭和51年4月1日一部改正（第7条・第8条）

7．昭和54年4月1日一部改正（第12条）

8．昭和59年10月6日一部改正（第3条・第10条）

9．昭和60年10月11日一部改正（第8条）

10．昭和63年9月30日一部改正（第8条）

11．1991年10月6日一部改正（第7条）

12．1994年10月23日一部改正（第8条）

13．1998年10月3日一部改正（第8条）

14．2004年10月9日一部改正（第9条・第10条・第11条）

# 日本教育方法学会入会のご案内

　日本教育方法学会への入会は，随時受け付けております。返信用120円切手を同封のうえ，入会希望の旨を事務局までお知らせください。

　詳しいお問い合わせについては，学会事務局までご連絡ください。

> 【日本教育方法学会事務局】
>
> 〒739-8524　東広島市鏡山1-1-1
>
> 広島大学大学院人間社会科学研究科 教育方法学研究室気付
>
> Tel / Fax：082-424-6744
>
> E-mail：hohojimu@riise.hiroshima-u.ac.jp

　なお，新たに入会される方は，次の金額を必要とします。ご参照ください。

|  | 一般会員 | 学生・院生 |
|---|---|---|
| 入会金 | 2,000円 | 2,000円 |
| 当該年度学会費 | 8,000円 | 6,000円 |
| 計 | 10,000円 | 8,000円 |

## 執筆者紹介（執筆順）

| | | |
|---|---|---|
| 子安 | 潤 | 中部大学 |
| 田上 | 哲 | 九州大学 |
| 熊井 | 将太 | 山口大学 |
| 川地 | 亜弥子 | 神戸大学 |
| 遠藤 | 野ゆり | 法政大学 |
| 吉田 | 成章 | 広島大学 |
| 竹内 | 元 | 宮崎大学 |
| 姫野 | 完治 | 北海道教育大学 |
| 照本 | 祥敬 | 中京大学 |
| 渡辺 | 雅之 | 大東文化大学 |
| 境 | 智洋 | 北海道教育大学 |

## 教育方法49　公教育としての学校を問い直す

2020年10月30日　初版第1刷発行 ［検印省略］

編　者　©日本教育方法学会
発行人　　福　富　　泉
発行所　　株式会社　図書文化社
　　　　　〒112-0012　東京都文京区大塚1-4-15
　　　　　TEL.03-3943-2511　FAX.03-3943-2519
　　　　　http://www.toshobunka.co.jp/
組　版　　株式会社　エスアンドピー
印刷製本　株式会社　厚徳社
装幀者　　玉田　素子

乱丁・落丁本の場合はお取り替えいたします。
定価はカバーに表示してあります。
ISBN978-4-8100-0748-0　　C3337